RESEARCH ON THE REGIONAL DIFFERENCES
AND SPILLOVER EFFECTS OF CHINA'S OUTWARD
FOREIGN DIRECT INVESTMENT

河南大学经济学学术文库

中国对外直接投资地区差异及溢出效应研究

郑展鹏 著

社会科学文献出版社
SOCIAL SCIENCES ACADEMIC PRESS (CHINA)

本著作受河南省高等学校哲学社会科学优秀学者资助项目（2017－YXXZ－01）、河南省高校青年骨干教师资助计划、河南省高等学校哲学社会科学应用研究重大项目（2016－YYZD－13）、河南省高等学校哲学社会科学创新团队支持计划（2014－CXTD－03）、河南大学省属高校基本科研业务费专项人才支持计划（人文社科类）优秀青年科研人才培育基金（CX00A40706）、河南大学产业经济与农村发展研究所的资助。

河南大学经济学科自 1927 年诞生以来，至今已有近 90 年的历史了。一代一代的经济学人在此耕耘、收获。中共早期领导人之一的罗章龙、著名经济学家关梦觉等都在此留下了足迹。

新中国成立前夕，曾留学日本的著名老一辈《资本论》研究专家周守正教授从香港辗转来到河南大学，成为新中国河南大学经济学科发展的奠基人。1978 年我国恢复研究生培养制度以后，周先生率先在政治经济学专业招收、培养硕士研究生，并于 1981 年获得首批该专业的硕士学位授予权。1979 年，河南大学成立了全国第一个专门的《资本论》研究室。1985 年以后，又组建了河南大学历史上的第一个经济研究所，相继恢复和组建了财经系、经济系、贸易系和改革与发展研究院，并在此基础上成立了经济学院。目前，学院已发展成拥有 6 个本科专业、3 个一级学科及 18 个二级学科硕士学位授权点、1 个一级学科及 12 个二级学科博士学位授权点、2 个博士后流动站、2 个一级省重点学科点、3000 多名师生规模的教学研究机构。30 多年中，河南大学经济学院培养了大批本科生和硕士、博士研究生，并且为政府、企业和社会培训了大批专门人才。他们分布在全国各地，服务于大学、企业、政府等各种各样的机构，为国家的经济发展、社会进步、学术繁荣做出了或正在做出自己的贡献，其中也不乏造诣颇深的经济学家。

在培养和输出大量人才的同时，河南大学经济学科自身也造就了一支日益成熟、规模超过 120 人的学术队伍。近年来，60 岁左右的老一代学术带头人以其功力、洞察力、影响力，正发挥着越来越大的引领和示范作用；一批 50 岁左右的学者凭借其扎实的学术功底和丰厚的知识积累，已进入著述的高峰期；一批 40 岁左右的学者以其良好的现代经济学素养，开始脱颖而出，显现领导学术潮流的志向和实力；更有一大批 30 岁左右受过系统经济学教育的年轻人正蓄势待发，不少已崭露头角，初步展现了河南大学经济学科的巨大潜力和光辉未来。

我们有理由相信河南大学经济学科的明天会更好，经过数年的积累和凝练，它已拥有了支撑自己持续前进的内生动力。这种内生动力的源泉有二：一是确立了崇尚学术、尊重学人、多元发展、合作共赢的理念，营造了良好的学术氛围；二是形成了问题导向、服务社会的学术研究新方法，并据此与政府部门共建了中原发展研究院这一智库型研究平台，获批了新型城镇化与中原经济区建设河南省协同创新中心。学术研究越来越得到社会的认同和支持，也对社会进步产生了越来越大的影响力和推动力。

河南大学经济学科组织出版相关学术著作始自世纪交替的 2000 年前后，时任经济学院院长许兴亚教授主持编辑出版了数十本学术专著，在国内学术界产生了一定的影响，也对河南大学经济学科的发展起到了促进作用。

为了进一步展示河南大学经济学院经济学科各层次、各领域学者的研究成果，更为了能够使这些成果与更多的读者见面，以便有机会得到读者尤其是同行专家的批评，促进河南大学经济学学术研究水平的不断提升，为繁荣和发展中国的经济学理论、推动中国经济发展和社会进步做出更多的贡献，我们从 2004 年开始组织出版"河南大学经济学学术文库"。每年选择若干种河南大学经济学院在编教师的精品著述资助出版，也选入少量国内外访问学者、客座教授及在站博士后研究人员的相关著述。该文库分批分年度连续出版，至今已持续 10 年之久，出版著作总数多达几十种。

感谢曾任社会科学文献出版社总编辑的邹东涛教授，是他对经济学学术事业满腔热情的支持和高效率工作，使本套丛书的出版计划得以尽快达成并付诸实施，也感谢社会科学文献出版社具体组织编辑这套丛书的相关负责人及各位编辑为本丛书的出版付出的辛劳。还要感谢曾经具体负责组织和仍在组织本丛书著作遴选和出版联络工作的时任河南大学经济学院副院长刘东勋教授和现任副院长高保中教授，他们以严谨的科学精神和不辞劳苦的工作，回报了同志们对他们的信任。最后，要感谢现任河南大学经济学院院长宋丙涛教授，他崇尚学术的精神和对河南大学经济学术事业的执着，以及对我本人的信任，使得"河南大学经济学学术文库"得以继续编撰出版。

　　分年度出版"河南大学经济学学术文库"，虽然在十几年的实践中积累了一些经验，但由于学科不断横向拓展、学术前沿不断延伸，加之队伍不断扩大、情况日益复杂，如何公平和科学地选择著述品种，从而保证著述的质量，需要在实践中不断探索。此外，由于选编机制的不完善和作者水平的限制，选入丛书的著述难免会存在种种问题，恳请广大读者及同行专家批评指正。

耿明斋

　　2004 年 10 月 5 日第一稿，2007 年 12 月 10 日修订稿，2014 年 6 月 21 日第三次修订

摘　要

自 2003 年起，我国对外直接投资开始进入迅猛发展的时期。到 2015 年，我国已成为全球对外直接投资第二大经济体，初步奠定了对外直接投资大国的国际地位。在对外直接投资迅猛发展的同时，我国地区间对外直接投资的差异性特征非常显著，地区间对外直接投资的非均衡性现象非常突出。因此，本书以我国地区间对外直接投资差异为研究对象，利用理论阐释与实证检验相结合的研究方法，对我国地区间对外直接投资差异的演变趋势、影响因素及溢出效应进行研究，具有比较重要的理论和实践价值。

本书基于国际地位、产业选择、区位分布、主体构成、地区差异特征等角度对我国对外直接投资的发展进行了分析。结果发现，与世界投资强国美国、日本、英国、法国及我国香港地区相比，我国的对外直接投资依然存在不小的差距。我国的对外直接投资主要集中于传统行业，在高科技行业的比重非常小。近年来，我国对外直接投资区位选择的多元化趋势在增强，但仍高度集中于我国香港地区、英属维尔京群岛及开曼群岛等少数国家或地区。国有企业是我国对外直接投资的主体，而以私营企业为代表的非公企业的对外直接投资份额非常少，这反映出我国对外直接投资的政府主导特征显著。同时，我国地区间对外直接投资的差异性特征非常显著。

本书通过构建统计指标体系，对我国地区间对外直接投资的差异性进行了测度。基于地区份额、赫希曼－赫芬达尔指数、多样性指数、均匀度指数、极商指数、基尼系数的测度显示，我国地区间对外直接投资的差异性近年来虽有所降低，但地区不均衡现象依然非常突出。基于总体差异指标的研究发现，我国地区间对外直接投资的相对差异虽然在逐步缩小，但绝对差异依然进一步扩大。基于 Theil 指数的分析发现，自 2003 年以来，我国东部地区和中部地区对外直接投资的内部差异呈现逐渐减小的趋势，但中部地区减小的幅度较小。基于区位熵的研究发现，2003 年以来我国对外直接投资达到绩效较高水平的省份逐渐增多。

我国地区间对外直接投资差异性的动态演变趋势如何，值得我们深入研究。本书利用省际面板数据模型对我国地区间对外直接投资差异的动态演变趋势进行了实证研究。研究结果显示：全国及三大俱乐部的对外直接投资整体上表现出了"总体收敛、局部分散"的动态演变规律。从 σ 收敛来看，除个别年份外，全国层面、东部俱乐部及中部俱乐部均出现了 σ 收敛，而西部俱乐部趋向发散。从 β 绝对收敛来看，全国层面及东部俱乐部、中部俱乐部的对外直接投资出现了 β 绝对收敛的发展态势，而西部地区没有出现 β 绝对收敛。加入控制变量经济发展水平、工业化程度及人均外商直接投资后，全国及三大俱乐部均出现了 β 条件收敛。

根据新制度经济学的相关理论，制度与我国地区间对外直接投资存在一定的相关性。本书结合现有文献，利用新制度经济学的分析框架，基于母国经济制度和法律制度的视角，实证研究了我国地区间对外直接投资差异的影响因素。研究结果显示，从全国层面来看，市场化水平、政府治理对对外直接投资起到了促进作用，知识产权保护起到了抑制作用。从东部地区来看，市场化水平和知识产权保护分别对其对外直接投资起到了促进和抑制作用。从中部地区来看，市场化水平对中部地区的对外直接投资起到了促进作用。从西部地区来看，市场化水平和对外开放度均对西部地区的对外直接投资起到了促进作用。控制变量人力资本对全国和中部地区的对外直接投资起到了促进作用。

发展中国家对外直接投资的一个重要目的就是充分利用对外直接投资的逆向技术溢出效应，推动本国的技术创新。本书借鉴国际上研究溢出效应最流行的 CH 模型和 LP 模型，构建国际 R&D 技术溢出模型，将主要国际技术溢出渠道纳入同一个分析框架，比较对外直接投资与其他主要国际技术溢出渠道对我国技术创新的影响。总体来看，对外直接投资对我国技术创新的逆向技术溢出效应小于对外贸易的促进作用。外商直接投资对我国的技术溢出效应不仅存在地区差异，还与技术本身所属的创新层次有关。但总体来看，外商直接投资对我国多数地区的技术溢出效应不显著，这说明近年来我国实施的"市场换技术"战略没有达到预期目标。

本书利用空间计量经济学的相关理论，综合运用模型驱动和数据驱动的研究方法，将空间相关性纳入分析体系，通过构建面板数据空间计量模型，实证检验了我国地区间对外直接投资的空间溢出效应。结果显示：利用 Moran'I 指数的检测发现我国地区间对外直接投资存在显著的正向空间相关性。通过对空间滞后模型和空间误差模型的选择发现，我国地区间对外直接投资的空间效应表现为空间溢出效应。在面板空间滞后模型的双固定模型中，经济发展水平、工业化水平、人均对外贸易、人均外商直接投资及人力资本对我国地区间对外直接投资起到了显著的促进作用。

最后，本书针对我国地区间对外直接投资的客观现状及存在的主要问题，提出了促进我国对外直接投资区域均衡发展的政策建议。

关键词：对外直接投资；地区差异；溢出效应

Abstract

In 2003, China's outward foreign direct investment (OFDI) began to enter a period of rapid development. In 2015, China became the second economy of OFDI in the world, and initially established its international standing of OFDI in power. With the rapid development of OFDI, the difference of OFDI among regions in China became very significant and the regional imbalance of OFDI is very prominent. Therefore, in this article, based on the difference of OFDI among regions in China as research object, with theoretical and empirical research method, it has important theoretical and practical value studying the convergence, influencing factors and spillover effect on difference of OFDI among regions in China.

Based on the international standing, industry selection, geographical distribution and regional difference, this article analyzed the development of OFDI. Results showed that, compared with the United States, Japan, France and Hongkong, there was still not a small gap of OFDI between China and international investment powers. OFDI in China mainly concentrates on the traditional industry, and the proportion of high-tech industry is very small. In recent years, the location selection diversification trend of China's OFDI has been growing, but still highly concentrated in a few other countries and regions, such as Hongkong, Channel Islands and Cayman Islands. The state-owned enterprises are the main investment subjects of China's OFDI, and the private enterprises as the representative of the non-public enterprises have a small investment share. It reflects the feature that government leads China's OFDI is significant. At the same time, the different feature of China's regional OFDI is very significant.

In this article, by building the system of statistical indicators, the difference of China's OFDI among regions in China was measured. Based on measure of the regional share, HHI Index, diversity index, evenness index, Maximum-minimum Ratio Index and Gini Index, in recent years the regional difference of OFDI in China is decreased, but the regional imbalance has been still very prominent. Study on overall difference index showed the relative difference among regions in China's OFDI gradually reduced, but the absolute gap was still widening. Based on the Theil coefficient analysis, the internal difference in eastern and middle areas of China's OFDI has been showing a gradually decreasing trend since 2003, but smaller in central area. Based on the research of entropy, since 2003, the cities with higher performance of China's OFDI have gradually increased.

It is worthy of our further study on the dynamic evolution law of the difference of OFDI among regions in China. In this article, by using the provincial panel data model, it was empirically studied on the dynamic evolution laws and development trends of difference of OFDI among regions in China. The results showed OFDI in China and three big clubs presented the dynamic evolution laws of general convergence and local scattered. From the convergence, except for a few years, the national level, the East club and Middle club had convergence, while the Western Club tended to be divergent. Regarding the absolute convergence, OFDI of national level, Middle club and East club appeared the development trend of absolute convergence, while the western region did not appear absolute convergence. With controled industrialization variables, economic development level and per capita FDI, there was conditional convergence in national and three big clubs.

According to some theories of new institutional economics, system and OFDI among different regions in China have a certain correlation. Based on the existing literature and the economic system and legal system of the home country, the influential factors of OFDI difference among regions in China were empirically studied in this article. Research results showed that, from a national sample, the level of the market and the government management played a role in the promotion on OFDI and had an inhibitory effect on intellectual property protection. In the eastern region in China, the level of the market and the intellectual property protection on OFDI respectively played a promoting and inhibiting role. In the central region, the level of the market played a promoting role on OFDI. In the western region, the level of market and the degree of opening to the outside world played a promoting role on OFDI. The control variables of human capital promoted OFDI in China and in the central region.

One of the important purposes of OFDI from developing countries is to make full use of reverse technology spillover effect to promote technological innovation. Based on the most popular CH Model and LP Model among international spillover effect research, by building international technology spillover model of R&D, this article contained major international technology spillover channels in the same analysis framework and comparatively studied OFDI and other major international technology spillover channel effects on technology innovation in China. Overall, the reverse technology spillover effect of OFDI on technology innovation in China was lower than the promotion OFDI on the international trade. Regional difference existed in the technology spillover effect of FDI in China, and also related to the innovation level of technology itself. However overall, the technology spillover effect of OFDI was not significant in most regions in China, which showed that in recent years the strategy of the market for technology executed in China had not achieved the desired goal.

With some theories of spatial econometrics and the research methods of model driven and data driven, this article adopted the spatial correlation into the analysis system and built the provincial panel spatial econometrics data panel to empirically tested spatial spillover effects of OFDI among regions in China. The results showed that OFDI in regions of China had a significant positive spatial correlation by detecting Moran Index and there was a phenomenon of spatial concentration. With the selection of the Spatial Lag Model (SLM) and Spatial Error Model (SEM), the spatial effect of OFDI among regions in China showed up as the spatial spillover effects. In the double fixed model of panel SLM, the level of economic development, the level of industrialization, per capita foreign trade, per capita FDI and human capital played a significant role in promoting OFDI among regions in China.

Finally, with the objective situation and existing main problems of OFDI among regions in China, policy suggestions were put forward to promote regional balanced development of China's OFDI.

Keywords: Outward Foreign Direct Investment (OFDI); Regional Difference; Spillover Effect

目 录

1 导论 ……………………………………………………………… 1

  1.1 选题意义 ……………………………………………………… 1

  1.2 文献综述 ……………………………………………………… 4

  1.3 研究思路、研究方法及可能的创新点 ……………………… 21

  1.4 研究内容与结构安排 ………………………………………… 24

2 中国对外直接投资的发展、国际地位、结构及地区差异特征 …… 27

  2.1 中国对外直接投资发展历程 ………………………………… 27

  2.2 中国对外直接投资的国际地位 ……………………………… 31

  2.3 中国对外直接投资的行业结构 ……………………………… 35

  2.4 中国对外直接投资的区位结构 ……………………………… 38

  2.5 中国对外直接投资的主体结构 ……………………………… 44

  2.6 中国对外直接投资的地区差异特征 ………………………… 46

  2.7 小结 …………………………………………………………… 50

3 中国对外直接投资地区差异的统计分析 …………………………… 51

  3.1 区域划分及统计指标的选取 ………………………………… 51

3.2 中国对外直接投资地区差异的测度和比较 …………… 52

3.3 小结 ………………………………………………… 75

4 中国对外直接投资地区差异的收敛性检验 ………… 77

4.1 收敛假说的内涵及适用范围 ……………………… 77

4.2 收敛模型、变量描述及俱乐部划分 ……………… 79

4.3 我国对外直接投资地区差异的收敛性检验 ……… 83

4.4 小结 ………………………………………………… 89

5 中国对外直接投资的影响因素 …………………… 91

5.1 问题的提出 ………………………………………… 91

5.2 制度与对外直接投资 ……………………………… 92

5.3 改革开放以来中国地区间的制度变迁 …………… 94

5.4 模型设定 …………………………………………… 96

5.5 计量分析 …………………………………………… 99

5.6 小结 ………………………………………………… 104

6 中国对外直接投资的逆向技术溢出效应 ………… 105

6.1 问题的提出 ………………………………………… 105

6.2 影响机理、模型构建及变量描述 ………………… 107

6.3 实证分析 …………………………………………… 113

6.4 小结 ………………………………………………… 118

7 中国对外直接投资的空间溢出效应 ……………… 120

7.1 空间相关性检测指标 ……………………………… 120

7.2 空间权重矩阵的设定 ……………………………… 124

7.3 空间效应模型 ……………………………………… 126

7.4 变量和数据 ·· 128

7.5 空间溢出效应的计量回归结果 ················· 131

7.6 小结 ··· 137

8 结论及政策建议 ·· 138

8.1 结论 ··· 138

8.2 政策建议 ·· 140

8.3 研究展望 ·· 144

致 谢 ·· 145

参考文献 ·· 148

1 导论

1.1 选题意义

改革开放以来，我国对外贸易和吸引外商直接投资取得了巨大成就。加入世界贸易组织后，我国面临着更加开放和更为复杂的国际竞争环境。为适应激烈的国际竞争环境，我国适时提出了"走出去"的对外开放战略，以"充分利用国际国内两个市场、充分利用国际国内两种资源"。由此，我国对外直接投资从 2003 年开始真正起步，并得到了迅猛的发展。到 2015 年，我国对外直接投资流量达到 1456.7 亿美元，成为全球第二大对外直接投资经济体。由此，我国已初步奠定世界对外直接投资大国的地位，并逐渐形成"对外直接投资 – 对外贸易 – 外商直接投资"三位一体的综合性、全方位的对外开放新格局。

伴随着我国对外直接投资的迅猛发展，我国地区间对外直接投资还面临着诸多问题和挑战：我国的对外直接投资过度集中于东部沿海地区，而中西部地区对外直接投资非常少。2015 年我国东部地区对外直接投资占全国对外直接投资的份额高达 72%，而中部地区和西部地区分别只占 16% 和 12%。可见，我国地区间对外直接投资的差异性特征非常突出。地区间对外直接投资一定程度内的差异对于经济社会的发展具有促进作用，但过度的差异却可能带来诸如阻碍区域经济发展、制约中西部地区外向型经济体系建设、影响中西部地区的技术创新和产业升级、加剧区域经济非均衡发展等经济社会问题。因此，加强对我国地区间对外直接投资差异的研究，显得比较迫切和必要。

1.1.1 理论意义

随着对外直接投资对我国经济的影响日益增大，在我国大力发展对外直接投资之际，针对我国对外直接投资的实际，加强对我国地区间对外直接投资差异的研究，具有重要的理论意义。

1. 认识我国地区间对外直接投资的差异性特征，揭示我国地区间对外直接投资差异的发展趋势

我国对外直接投资存在的一个重要问题就是我国地区间对外直接投资的不均衡现象非常突出，这不仅影响了我国区域经济的均衡发展，而且制约了我国对外直接投资的可持续发展。本书首先通过构建指标体系，基于静态的视角刻画和比较我国地区间对外直接投资的差异性特征；然后，借鉴新古典经济增长理论收敛假说的思想及方法，构建省际面板数据模型，对我国地区间对外直接投资差异的 σ 收敛、β 收敛及俱乐部收敛的存在性进行实证检验；最后，分别基于静态和动态两个层面对我国地区间对外直接投资的差异性进行研究，以准确把握我国地区间对外直接投资差异的特征及演变趋势。

2. 探索我国地区间对外直接投资的影响因素，揭示我国地区间对外直接投资形成的根源

根据新制度经济学的有关理论，制度会对经济绩效产生非常重要的影响。1978 年以来，我国实施的是"摸着石头过河"的地区阶段性渐进式的改革开放战略，由此，形成了我国各地区之间在制度质量上存在的显著差异。这种区域间的制度差异理论上会对我国地区间对外直接投资的形成产生影响。因此，本书利用新制度经济学的逻辑分析框架，将经济制度和法律制度纳入面板数据模型中，深入研究地区间的制度差异对我国地区间对外直接投资的影响，从而把握我国地区间对外直接投资形成的制度根源。

3. 研究我国地区间对外直接投资的溢出效应，为我国对外直接投资的区域均衡发展奠定理论基础

我国地区间对外直接投资差异的溢出效应包括逆向技术溢出效应和空间溢出效应。本书首先通过构建国际技术溢出模型，将主要国际技术溢出渠道纳入同一个分析框架，比较研究我国地区间对外直接投资的逆向技术溢出效应，从而为认识我国地区间对外直接投资对技术创新的影响奠定一定的理论基础和提供实证支撑。本书还利用空间计量经济学的相关理论，将空间相关性纳入空间计量模型，分别建立面板空间误差模型和面板空间滞后模型，深入研究我国对外直接投资的空间溢出效应，从而为我国对外直接投资的区域均衡发展奠定比较坚实的理论基础。

1.1.2 实际应用价值

地区间对外直接投资的适度差异性，会形成落后地区的追赶效应，进而形成地区间对外直接投资的竞争局面。但地区间对外直接投资的过度差异性，会造成诸多经济社会问题：第一，中西部地区与东部地区失衡的对外直接投资规模严重影响了中西部地区积极参与国际分工、阻碍了中西部地区开放型经济体系的建设，进而影响了中西部地区获得经济全球化红利的能力；第二，中西部地区与东部地区之间对外直接投资的过度差异性，不利于我国对外直接投资的可持续发展；第三，地区间对外直接投资的过度差异性，将进一步加剧中西部地区与东部沿海地区之间的经济发展差距，造成更加不均衡的区域发展格局。

本书通过对我国地区间对外直接投资的演变趋势、影响因素及溢出效应的深入研究，并在此基础上提出具有针对性、前瞻性和可操作性的政策建议，不仅可以揭示我国地区间对外直接投资的内在规律，更能为我国对外直接投资的区域均衡发展提供重要的参考和借鉴。

1.2 文献综述

对外直接投资是国际经济中一个重要的经济现象，因此，对外直接投资引起了国内外学者们的广泛关注。国内外专家学者关于对外直接投资的研究成果比较丰富，这为进一步的深入研究奠定了坚实的基础。

1.2.1 国外文献综述

对外直接投资这一经济现象最开始在发达国家出现并逐渐成为国际经济中的一个重要经济现象。20世纪60年代以来，随着发达国家对外直接投资的快速发展，西方学者提出了一系列经典的对外直接投资理论。由于最初是以发达国家对外直接投资为主，所以最初的研究也主要为发达国家的对外直接投资提供理论解释。其中 Hymei 和 Kindleberger（1960）的垄断优势理论奠定了跨国直接投资的理论基础。Vernon（1966）的产品生命周期理论提出了发达国家进行"顺梯度"投资生产的区位选择问题。Dunning（1977）综合前人的研究成果提出了国际生产折中理论。随着发展中国家对外投资规模的日益扩大，针对发展中国家对外直接投资的研究成果也逐渐出现，其中具有代表性的理论有边际产业扩展理论（小岛清，1978）、小规模技术理论（Wells，1983）、投资发展阶段理论（Dunning，1983）、技术地方化理论（Lall，1983）等。

随着对外直接投资理论研究的日渐丰富，国外关于对外直接投资的实证研究成果也逐渐增多。国外对对外直接投资的实证研究主要针对对外直接投资动机、影响因素及经济效应等方面展开。

1. 国外学者对对外直接投资动因（动机）的研究

这类文献较多地研究了发达国家或地区对外直接投资的动机。如

4

Becker，Ekholm，Jackle & Muendler（2005）对德国和新西兰的对外直接投资动机进行了比较研究，发现拥有丰富熟练劳动力的东道国能显著吸引来自德国跨国公司的对外直接投资，但丰富的熟练劳动力对新西兰跨国公司的对外直接投资没有显著的影响。한국생산성학회（2001）研究了中国台湾地区1952～1997年对外直接投资的动机，发现中国台湾对外直接投资并不是由外部市场环境的变化所致，而是岛内经济结构变化的结果。具体而言，台湾的劳动密集型产业由于岛内成本上升而丧失竞争力，导致其对外直接投资。Witt & Lewin（2007）认为跨国公司的对外直接投资主要是为了规避母国国内的制度约束而发生。Filippaios & Papanastassiou（2008）基于美国1982～2002年的数据研究了美国对外直接投资的动因。研究发现，产业集聚、市场规模、劳动力市场的成熟程度、东道国市场成本等因素是美国对外直接投资的主要考虑因素。Fung，Herrero & Siu（2009）比较研究了中国大陆、日本、韩国及中国台湾地区对外直接投资的动机，结果表明，以上亚洲四国（地区）的对外直接投资均具有市场寻求动机，而韩国和日本还具有人力资源寻求动机，中国大陆和中国台湾具有技术寻求动机。中国大陆倾向于投资劳动力质量较弱的地区，日本则倾向于投资更开放的地区。

随着近年来发展中国家或转型经济体的对外直接投资日益增多，一些学者开始研究发展中国家及转型经济体对外直接投资的动机。如UNCTAD（2002）以俄联邦、匈牙利及斯洛文尼亚三个转型经济体为案例的研究发现，在转型经济体的对外直接投资中，国际经济一体化和对竞争力提升的追求对对外直接投资的影响作用超过金融因素的影响。Pradhan（2009）认为印度医药行业近年来频繁在国外市场大量收购的动因主要在于规避本国医药企业创新能力日益衰退的尴尬状况。Passa-konjaras（2012）发现泰国服装业对外直接投资的主要原因是寻求更高的效率，而劳动力短缺和成本压力也是其对外直接投资的重要推动力量。东道国低廉的劳动力成本和更接近的文化是泰国服装业对外直接投资区位选择考虑的主要因素。Stoian（2012）认为随着新兴经济体对外直接投资的兴起，学术界对 Dunning 的投资发展阶段理论（IDP）是否还能解释新兴经济体的对外直接投资提出了质疑，并基于制度的角度解释发展中国家对外直接投资的经济现象。研究发现投资发展阶段理论依然能解释发展中国家的对外直接投资，但母国制度因素也起到了重要的作用，包含了制度变量的模型会增强模型的解释力。

2. 国外学者对对外直接投资影响因素的研究

基于对外直接投资这一国际经济领域中重要的经济现象，不少学者尝试从经济因素角度来研究对外直接投资的影响因素。如 Filippaios，Papanastassion & Pearce（2003）研究了美国在 OECD 等泛太平洋地区对外直接投资的演变，发现东道国收入水平、劳动生产率在美国对外直接投资的区位选择中起到显著的作用。Yeaple（2003）对美国对外直接投资的决定因素进行了实证研究，结果发现美国的对外直接投资与其比较优势比较吻合，而且东道国的市场因素在美国的对外直接投资中起到重要的决定作用。Diffleld，Love & Taylor（2009）在区分技术拥有型和技术利用型对外直接投资的基础上，实证检验了劳动生产率和劳动成本对对外直接投资的影响。结果发现，劳动生产率和劳动成本对技术拥有型对外直接投资具有明显的影响，对技术利用型对外直接投资的影响不显著。Udomker Dmongkol，Morrissey & Gorg（2009）研究了汇率与美国对16 个新兴经济体直接投资的关系。研究发现，东道国汇率升值、当地货币贬值及不稳定的汇率与美国的对外直接投资呈负向关系，而东道国稳定的汇率会促进美国的对外直接投资。Hyun & Jang（2012）将比较优势、对外直接投资及生产率之间的关系进行了理论和实证研究，结果发现韩国的对外直接投资与其国内的劳动生产率及比较优势之间呈现正向关系。

还有学者从经济资源的角度来研究对外直接投资的影响因素，如 Soad，Halim & Noor（2011）从马来西亚国内的市场规模、出口水平、熟练劳动力、自然资源的可获得性等角度研究了马来西亚对外直接投资的影响因素。研究发现国内因素对马来西亚的对外直接投资具有显著的影响，并且发现出口水平和熟练劳动力对马来西亚的对外直接投资具有重要的促进作用。

近年来，随着制度在经济中起到越来越重要的作用，一些学者开始尝试基于制度的视角研究对外直接投资的影响因素。如 Mishra & Daly（2007）利用国际上通用的国家风险治理指标，以 OECD 国家和部分亚洲国家为研究对象，研究了制度质量与对外直接投资的关系。结果发现，东道国较高的制度质量对对外直接投资起到积极而显著的促进作用。Sanyal & Samanta（2008）基于美国不倾向投资那些腐败严重的国家或地区的事实，研究发现，国外市场规模对美国的对外直接投资更具吸引力，当考虑其他经济和文化因素时，腐败程度在吸引美国对外直接投资方面不那么重要。Holtbrugge & Kreppel（2009）发现开拓国外市场和获取技术资源是金砖四国企业共同的目的。另外，巴西和印度的国际化主要受经济因素的影响，而中国和俄罗斯主要受母国政策支持的影响。Ligthart & Sing（2009）利用扩展的引力模型，讨论了移民与对外直接投资的关系，发现移民能促进对外直接投资。Hanson（2010）的研究发现外交政策对俄罗斯的对外直接投资没有显著影响，而国内的制度因素对俄罗斯的对外直接投资具有显著的影响。Armutlulm，Anil Canel & Porterfield（2011）发现土耳其的对外直接投资主要投向经济政治风险程度高、文化相近及缺乏所有权优势的国家或地区。

还有一些学者认为很多研究从宏观层面来发掘对外直接投资的影响因素，这些研究忽视了对外直接投资的主体是微观的跨国公司。因此，这些学者基于微观的角度来探寻对外直接投资的影响因素。如 Pradham（2003）发现自 20 世纪 80 年代以来，印度服务业企业的对外直接投资与企业本身的年龄及企业规模不存在线性关系，而存在倒 U 形关系。同时，企业的创新能力、出口导向及营利能力均与印度服务业的对外直接投资存在显著的关系。Pard（2004）基于微观企业层面研究了制造业对外直接投资的决定因素。研究发现，企业年龄、企业规模、R&D 强度、技术强度及出口导向是印度制造业企业对外直接投资的重要驱动因素。

3. 国外学者对对外直接投资经济效应的研究

国外学者对对外直接投资经济效应的研究主要集中于贸易效应、对国内投资的挤出效应、经济增长效应、逆向技术溢出效应及就业效应等几个方面。

目前国外学术界对对外直接投资贸易效应的研究结论不统一，主要有贸易促进论及贸易替代论两种研究结论。如 Egger（2001）利用动态面板数据模型研究了欧盟对外直接投资与其出口贸易的关系，结果发现它们之间存在互补关系。Alguacil & Orts（2002）利用西班牙 1970 年第一季度到 1992 年第三季度的数据，并采用向量自回归（VAR）和 Granger 因果检验的方法，结合方差分解及脉冲响应函数的实证研究结果发现，从长期来看，对外直接投资是出口贸易的 Granger 原因，而出口贸易不是对外直接投资的 Granger 原因。Seo & Suh（2006）利用 1987～2002 年固定效应的面板数据模型，分析了韩国对东盟四国直接投资的贸易效应，发现对外直接投资与进口及出口之间不存在显著的替代效应。Chow（2012）利用改进的引力模型，对自 1980 年以来台湾的对外直接投资与出口贸易之间的关系进行了实证研究，结果显示台湾的对外直接投资与其出口贸易呈互补关系。

Braunerhjelm，Oxelheim & Thulin（2005）基于以前关于对外直接投资与国内投资之间关系的研究结论不够明确的研究现状，通过对包含贸易成本的理论模型的研究发现，对外直接投资与国内投资的互补关系在垂直一体化行业中出现，而在水平一体化行业中则表现出替代关系。Goedegebuure（2006）研究了对外直接投资与国内投资之间的关系，发现对外直接投资与研发密集型行业的国内投资具有相互促进作用，并且发现对外直接投资与资本密集型行业的国内投资之间也具有相互作用。Herzer（2008）利用协整理论对意大利的对外直接投资对其国内投资的影响进行了实证检验，发现在短期内，对外直接投资对国内投资具有抑制作用，但从长期来看，对外直接投资对国内投资具有正向促进作用，并且发现对外直接投资与国内投资之间互为因果关系。Globerman（2012）以加拿大 22 家跨国公司 2000～2010 年的数据为样本，研究了对外直接投资与国内投资的关系。结果发现从长期来看，对外直接投资与国内投资之间存在互补关系。

对外直接投资对国内经济增长的影响也是国外学者关注的一个重点，如 Rao，Souare & Wang（2010）发现加拿大的对外直接投资及外商直接投资均显著地促进了母国和东道国经济绩效的获得。Ging（2009）研究了日本和新加坡两国的对外直接投资与其经济增长之间的关系，发现在短期内新加坡的对外直接投资与其经济增长之间存在双向的因果关系，但长期内日本与其经济增长之间存在双向的因果关系。Ging（2010）利用 Granger 因果关系检验技术，实证研究了日本的对外直接投资与其经济增长之间的关系。结果发现从长期来看，存在从对外直接投资到 GDP 的单向因果关系，但从短期来看，它们之间不存在任何 Granger 因果关系。Chen（2011）将效率工资理论纳入可计算的一般均衡模型（CGE），研究了中国台湾对外直接投资与中国台湾经济之间的关系，发现中国台湾存在严格的工资刚性，并且发现中国台湾的对外直接投资在一定程度上减少了中国台湾的收入和就业机会。Hayami & Nakamure（2012）针对日本民众担忧对外直接投资会影响日本民众收入的研究发现：如果工人受雇于那些拥有 50% 以上股权的对外直接投资企业，则这些工人的收入不受影响，并且工人的阶层越高，其收入也越高。

对外直接投资是否存在逆向技术溢出效应，通过对外直接投资能否改善母国的技术水平或技术创新，也是国外学者关注的重点。Herzer（2011）以 33 个发展中国家 1985～2005 年的国际面板数据模型，研究了对外直接投资与全要素生产率之间的关系。结果发现对外直接投资会显著促进全要素生产率。Dhyne & Guerin（2012）也认为对外直接投资对母国存在逆向技术溢出效应。

还有国外学者研究了对外直接投资对母国国内就业的影响。Debaere，Lee & Joonhyung（2006）利用倍差法研究了对外直接投资与国内就业的关系，结果发现向欠发达国家直接投资会降低母国国内就业率，而向发达国家的直接投资对国内就业的影响不显著。Masso，Varblane & Vahter（2008）以中等收入转型国家爱沙尼亚为例，研究了对外直接投资与国内就业之间的关系。结果发现，对外直接投资会促进国内的就业，并且发现直接投资比间接投资更能促进国内就业，服务业对外直接投资比制造业对外直接投资更能促进国内的就业。Debaere，Lee & Joonhuung（2010）的研究发现，从短期来看，投向欠发达国家的直接投资会降低母国的就业率，但投向发达国家的直接投资并没有明显地影响到国内就业。Cuyvers & Soeng（2011）以比利时为例研究了对外直接投资对国内就业的影响，结果发现，比利时对发达国家的直接投资促进了母国的就业，但没有发现比利时对低收入国家的直接投资影响本国的就业。

总体来看，西方关于跨国投资的研究经过几十年的发展和演变，已经日趋完善，对于跨国投资理论的研究已经由内因分析到外因分析，从微观考察到中观、宏观考察，从局部分析到综合分析，由片面强调经济因素分析到经济、社会、制度、文化等方面的全面分析，使得跨国投资理论不断深化。但也应该看到，目前西方的跨国投资理论比较好地解释了发达国家"顺梯度"的对外直接投资行为，但对发展中国家"逆梯度"对外直接投资行为的研究还不够充分，也难以全面解释发展中经济体的对外直接投资。因此，国外学术界对发展中经济体对外直接投资行为的研究远没有对发达国家对外直接投资行为研究得全面和成熟。

1.2.2　国内文献综述

随着我国对外直接投资的快速发展，国内学者越来越重视对对外直接投资的研究，相关成果也日益丰富。通过对国内现有文献的综述发现，国内学者对我国对外直接投资的研究主要集中于我国对外直接投资的动因、区位选择及经济效应等三个方面。

1. 我国对外直接投资的动因

目前这类研究主要以国际生产折中理论或以垄断优势理论为理论框架来探讨我国对外直接投资的动因。何骏（2007）认为在全球化背景下我国企业对外直接投资的主要动因是获取技术和融入全球价值链。陈文彬（2008）以福建省为例的研究表明，我国对外直接投资的动因主要有自然资源导向型、市场导向型以及防御型动因。代中强（2008）利用面板数据模型验证了西方主要对外投资理论对中国对外直接投资的适用性，结果发现部分经典理论能较好地解释中国的对外直接投资，部分理论却不能解释中国企业的对外直接投资行为。刘阳春（2008）根据 87 份有效问卷的研究表明，全球经济一体化趋势是中国对外直接投资的驱动因素。黄静波、张安民（2009）基于 1982 ～ 2007 年我国外向投资流向的分析表明：我国对外直接投资和出口、能源需求、GDP、制造业 RCA 指数显著正相关，且出口、能源需求的变化对我国对外直接投资影响最大；此外，我国的对外直接投资并没有显著表现出规避贸易壁垒的特点，经济制度的变化对企业"走出去"影响也不显著。苗洪亮（2010）认为我国企业对外直接投资的动因可以归纳为资源导向、生产外包、追求剩余利润。崔家玉（2010）从外部和内部两个方面分析了我国对外直接投资的动因，其中外部动因包括外部竞争压力的驱动、国家发展战略的需要、调整经济结构的需要以及东道国优惠政策的吸引；内部动因包括追求利润最大化、寻求市场扩张、寻求资源与资金、学习先进技术与管理经验以及谋求自身优势的发挥等。

但一些学者认为我国缺乏发达国家所具备的垄断优势，因此，传统经典理论是否能解释我国的对外直接投资行为，值得进一步深入研究。因此，一些学者尝试构建新的模型来解释中国对外直接投资的动因。如李敬、冉光和、万丽娟（2007）建立了发展中国家对外直接投资的综合动因模型，认为发展中国家对外直接投资的决策是在满足国家利益动态最大化的前提下，追求企业国外经营与国内经营总收益的长期动态最大化。

基于作为发展中国家的中国与主要欧美国家对外直接投资可能存在的差异，一些学者比较研究了中国与发达国家对外直接投资的差异性。如汤建光（2007）认为目前中国对外直接投资与日本 20 世纪 80 年代对外直接投资有着异曲同工之处，并对中日对外投资的动因及特点进行了比较研究。衣长军（2010）通过研究中国与美日对外直接投资动因的国际比较发现，发达国家对外直接投资以垄断优势论、边际产业扩张论等为基础，以控制和垄断国外市场、获得高额利润为其战略动因，而中国对外直接投资不具有对抗性、掠夺性，学习、演练和提升企业国际竞争力，优化产业结构是中国企业对外直接投资的主要动因。

还有少数学者基于行业、企业等层面研究了我国对外直接投资的动因。徐卫武、王河流（2005）分析了中国高新技术企业对外直接投资的动因，认为使研发、生产和销售价值链各环节的成本最小化，从而达到利润最大化是我国高新技术企业对外直接投资的真正动因。朱美虹、池仁勇（2011）对浙江温州的 3 家中小企业对外直接投资相关问题进行调研分析，归纳出浙江省中小企业对外直接投资的动机为：依托中国政府对外直接投资有利的政策，避开贸易壁垒，以开辟、巩固和扩大商品与服务市场为出发点。周铁军、刘传哲（2011）发现我国采矿业对外直接投资的动因主要有：弥补国内资源不足，解决我国能源供需矛盾；发挥我国采矿业的比较优势；通过企业内部化以降低经济成本以及更好地利用区域优势……

2. 我国对外直接投资区位选择的影响因素

有关我国对外直接投资区位选择的研究主要集中于两个方面：一是基于东道国宏观经济特征的视角研究我国对外直接投资的区位选择；二

是基于东道国制度的视角研究我国对外直接投资的区位分布。

（1）基于东道国宏观经济特征的视角

基于东道国宏观经济特征的视角研究我国对外直接投资区位选择的文献比较多，这类文献的一个显著特点就是多以扩展的引力模型或国家生产折中理论为理论框架展开。程慧芳、阮翔（2004）将地理距离变量纳入扩展的引力模型，研究了我国对外直接投资区位分布的规律。闻开琳（2008）利用引力模型验证了东道国的国家特征对我国对外直接投资的影响，结果发现，市场规模、经济发展水平、两国间距离、共同的语言文化环境和地理位置相邻对吸引我国直接投资具有正面影响。何本芳、张祥（2009）借鉴引力模型的原理，通过计量分析发现，贸易、劳动成本、距离和国家类别等因素对对外直接投资区位选择具有重要影响。项本武（2009）利用中国对外直接投资的面板数据，采用 GMM 估计方法，检验了中国对外直接投资区位分布的影响因素和动态效应。李猛、于津平（2011）使用 2003～2007 年中国与 74 个东道国的数据，实证研究了市场规模、资源禀赋、贸易联系等东道国区位优势与中国对外直接投资的相关性。陈恩、王方方（2011）考察了现有研究理论与经验假说对中国对外直接投资的适用性。宋维佳、许宏伟（2012）发现，东道国资源禀赋、技术禀赋、基础设施条件、外资开放度及与中国的贸易联系等因素对我国对外直接投资的区位选择具有显著影响，而东道国市场规模、工资水平、汇率水平和地理距离等因素的影响并不显著。

（2）基于东道国制度的视角

近年来，随着新制度经济学的发展，学术界逐渐认识到制度对经济的重要影响。因此，国内一些学者开始基于东道国制度的视角来考察我国对外直接投资区位选择的影响因素。

贺书锋、郭羽诞（2009）的研究发现，中国对外直接投资偏好于那些与中国有相同政治信仰、政治摩擦少、国际地位相似、政治关系定位较高的东道国。韦军亮、陈漓高（2009）研究了东道国的制度风险对我国对外直接投资区位选择的影响。研究结果发现，东道国政治风险对中国非金融类对外直接投资具有显著的抑制效应。陈丽丽、林花（2011）基于投资动机的视角研究制度对我国对外直接投资区位选择的影响。研究结果发现，相对于市场寻求型与战略资产寻求型的企业，制度对我国资源寻求型企业区位选择的影响程度最低。王建、张宏（2011）从东道国政府治理的角度研究了我国对外直接投资的区位选择。结果发现，东道国"政府施政有效性""贪腐控制"指标与中国对外直接投资显著正相关，而东道国"公民参政与政治人权""政治稳定程度""市场经济限制程度""司法有效性"等指标与中国对外直接投资关系不显著。陈松、刘海云（2012）的研究也支持类似的观点。祁毓、王学超（2012）根据劳动力产权理论实证研究了东道国劳工标准对我国对外直接投资的影响，发现我国的对外直接投资倾向于流入低劳工标准的国家。易波、李玉洁（2012）发现在东道国制度环境不佳的情况下，签订双边投资保护协定可以促进我国的对外直接投资。王海军（2012）发现来自东道国的政治风险对我国对外直接投资有着显著的负向影响。

还有少数学者基于企业异质性的角度研究我国对外直接投资的区位选择。王方方、赵永亮（2012）运用企业异质性模型框架，探索了中国企业生产率异质性带来的对外直接投资区位选择差异。结果发现，企业生产率在不同区位表现出的作用大小不同，其中在亚洲地区效应最为显著。在对外直接投资扩展边际上，企业生产率越高，其进行对外直接投资的东道国数量越多。

3. 我国对外直接投资的经济效应

对外直接投资的迅速发展对我国经济、社会产生了深远的影响，在此背景下，研究我国对外直接投资的经济效应具有比较重要的理论和现实意义。对外直接投资对母国的经济效应主要包括贸易效应、逆向技术溢出效应、就业效应及产出效应等。

（1）我国对外直接投资的贸易效应

关于对外直接投资的贸易效应，学术界一直以来主要存在两种不同的观点：贸易替代或贸易促进。这两种观点就是日本学者小岛清所论述的"美国式直接投资"和"日本式直接投资"。"美国式直接投资"的实质是对外直接投资替代了贸易，而"日本式直接投资"的实质是对外直接投资与贸易是相互促进的关系。

目前，针对我国对外直接投资贸易效应的检验结果，各专家学者多支持对外直接投资促进我国出口贸易的观点。蔡锐、刘泉（2004）基于"边际产业理论"，证明了中国的国际直接投资与贸易存在互补关系。张如庆（2009）运用时间序列模型的研究发现：出口和对外直接投资之间存在长期均衡关系，而进口与对外直接投资之间不存在长期稳定的关系。张应武（2007）使用引力模型分析了我国对外直接投资和对外贸易的关系，结果表明我国对外直接投资与出口相互促进。唐心智（2009）的研究也表明我国对外直接投资能产生比较显著的创造效应，同时对我国出口商品的结构具有改善作用。谢杰、刘任余（2012）对我国对外直接投资贸易效应的研究发现，贸易是投资的先导，贸易与投资存在互补关系。张春萍（2012）发现中国对发达经济体的对外直接投资既具有较强的出口创造效应也具有进口创造效应，对新兴经济体具有较强的出口创造效应与较弱的进口创造效应。陈愉瑜（2012）认为对外直接投资的贸易效应不仅反映在贸易规模方面，更重要的意义在于其对贸易结构的影响，研究结果发现我国的对外直接投资无论是存量还是流量均具有一定的贸易结构效应。

但由于投资的动机、类型和发展阶段以及产业的不同，对外直接投资与对外贸易的关系可能出现权变。俞毅、万炼（2009）通过建立VAR模型，认为虽然在长期内我国的对外直接投资对初级产品出口和制成品进口产生替代关系，对初级产品进口和制成品出口产生互补关系，但在短期内它们之间不存在因果关系。周昕、牛蕊（2012）基于面板引力模型的研究发现，依产业分布的不同，中国对外直接投资与贸易既可能存在着互补关系，也有可能存在着替代关系。

关于实证研究结果的差异性，有一个现象：从宏观层面上来看，对外直接投资对贸易有促进作用，而在微观层面则常常得出替代的关系。因此，针对对外直接投资与对外贸易的关系问题，依然需要从不同角度和不同层面进行深入细致的考察，方能得出比较稳定和有价值的结论。

（2）我国对外直接投资的逆向技术溢出效应

国内学者对我国对外直接投资的逆向技术溢出效应进行了理论和实证研究。由于使用的方法、样本区间以及资料来源的差异，已有的研究结论并不一致，有些研究甚至得出了相互矛盾的结论。

一些学者经过研究发现，我国对外直接投资存在逆向技术溢出效应。李梅（2010）利用 1985～2008 年的时间序列数据模型研究发现，对外直接投资对我国全要素生产率的提升有显著的促进作用，但受到人力资本和国内研发吸收能力的制约。阚大学（2010）利用省际面板系统广义矩方法的研究发现，我国东部、中部和西部对外直接投资存在较小的逆向技术溢出效应。刘明霞（2010）的研究发现，我国对外直接投资对全要素生产率存在显著的逆向溢出效应；我国与西方国家的技术差距影响溢出效益的发挥。霍杰（2011）利用 2003～2008 年的面板数据模型的研究发现，对外直接投资对我国全要素生产率的影响存在省际差异，对外开放度可以部分解释这种差异。仇怡、吴建军（2012）发现我国通过对外直接投资渠道获得的国外研发资本存量能给母国带来正的技术溢出效应。沙文兵（2012）的研究发现，我国的对外直接投资对以专利授权量为表征的国内技术创新产生了显著的正面效应，但存在地域差异性。朱彤、崔昊（2012）的研究发现，我国对外直接投资的逆向溢出效应存在国内人力资本的"门槛效应"。李梅、柳士昌（2012）发现对外直接投资存在明显的地区差异，其中东部地区对外直接投资的逆向技术溢出效应明显，并且发现 R&D 强度、人力资本、经济发展、技术差距、金融发展及对外开放度对逆向技术溢出效应的发挥存在"门槛效应"。

然而，另外一些学者的研究证实了我国对外直接投资的逆向技术溢出效应并不明显。陈漓高（2008）通过建立向量自回归模型发现，对外直接投资增长率和全要素增长率之间存在一定的同步关系，但前者对后者的作用并不十分明显。王英、刘思峰（2008）发现，FDI 和出口贸易对我国技术进步具有促进作用，但对外直接投资和出口贸易不具促进作用。刘明霞、王学军（2009）发现，对外直接投资对总专利、发明和适用新型专利具有短期溢出效应，长期内只对外观设计专利具有溢出效应。刘伟全（2010）认为对外直接投资的国内技术进步效应不明显，而进出口贸易对我国技术创新提升的作用大一些。张海波、俞佳银（2012）将中国与东亚其他新兴经济体对外直接投资的逆向技术溢出效应进行了比较研究，结果发现韩国、泰国、新加坡及菲律宾等国均表现出了逆向技术溢出效应，而中国则不显著。

总体来看，目前关于我国对外直接投资逆向技术溢出效应的研究还存在一些缺陷：将开放经济条件下影响技术创新的主要国际技术溢出渠道结合起来进行比较研究的文献还非常少。虽然王英、刘思峰（2008）将 FDI、对外直接投资及国际贸易纳入一个分析框架进行研究，但他们利用时间序列宏观总量数据的分析方法，假定全国各省份具有同质性，这显然与现实存在较大的差距，同时也难以反映出不同国际技术溢出渠道对技术创新影响的地区差异。

（3）我国对外直接投资的经济增长效应

从宏观层面来看，一国企业对外直接投资的最终目的是促进国家的经济增长。因此，对外直接投资与经济增长之间的关系也是学者们关注的一个重点问题。魏巧琴、杨大楷（2003）利用 Granger 检验和 DF、ADF 检验等时间序列的分析方法，发现现阶段我国经济增长与对外直接投资的因果关系并不明显。常建坤、李杏（2005）在对对外投资与经济增长之间关系进行理论剖析的基础上，通过实证研究发现，世界上主要投资国和对中国投资较多的国家都促进了本国的经济增长。宋弘威、李平（2008）的研究发现，中国对外直接投资与经济增长之间存在稳定的均衡关系，但不存在显著的因果关系，这说明中国对外直接投资对经济增长的促进作用不显著。肖黎明（2009）通过协整方法研究后发现，对外直接投资总体上促进了中国经济增长，但由于某些原因，目前这一效应还不明显。胡虎子（2011）发现，出口和对外直接投资都促进了我国的经济增长，但对外直接投资的促进作用不显著。冯彩、蔡则祥（2012）发现，对外直接投资的母国经济增长效应在中国存在地区效应：全国、东部及中部地区对外直接投资与经济增长存在长期的均衡关系，而西部地区不存在协整关系。薛求知、李茜（2012）借鉴熵和耗散结构理论，通过建立灰色关联熵模型研究了对外直接投资与我国经济发展的关系，结果发现2006年以前对外直接投资不能有效地促进国内经济向良性方向发展，而从2007年开始，对外直接投资为我国带来了负向熵，促进了国内经济的发展。

总体来看，目前对外商直接投资对东道国经济增长的研究比较多，但相关研究还有进一步深入的必要，具体体现在：一是使用的方法比较简单，目前我国对外直接投资对我国经济增长影响的相关文献多以时间序列分析为主；二是在研究对外直接投资对经济增长影响的关系时，没能将相关控制变量纳入模型，这可能造成模型的内生性问题，从而影响了研究结论的可靠性。

（4）我国对外直接投资的就业效应

基于近年来我国就业矛盾比较突出，国内学者开始研究我国对外直接投资对我国就业的影响机制及影响效果。戴翔（2006）在综合比较FDI的替代效应和产出效应以及在比较FDI型企业就业增长状况和非FDI型企业就业增长效应的基础上分析了FDI对国内就业的影响，结果表明这种影响是积极的。黄晓玲、刘会政（2007）的实证研究表明，对外直接投资对我国就业总量产生了替代效应，但促进了我国就业结构的优化。郑瑾（2009）发现我国对外直接投资的"资本替代劳动"效应明显。于超、葛和平（2011）利用省际面板模型的研究结果发现，中国对外直接投资与国内生产总值的比率与国内就业显著正相关，同时，各地区对外直接投资对就业的影响存在差异性。于超、葛和平（2011）运用柯布－道格拉斯生产函数和变截距模型的方法研究发现，中国对外直接投资与国内生产总值的比率与国内就业显著正相关。钞鹏（2011）认为对外直接投资对母国就业的影响主要是通过对外贸易、国内投资、技术进步、产业结构调整、国际收支、人力资本、市场化进程等因素实现的，通常具有双重作用。姜亚鹏、王飞（2012）发现我国对外直接投资的就业效应存在地区差异："一线城市"及沿边省份微弱负相关，其他省份为正相关。

一些学者除了研究对外直接投资对我国就业总量的影响外，还研究了对外直接投资对三个产业就业的影响以及对不同属性企业就业的影响。罗良文（2007）的研究表明，对外直接投资对第二产业和第三产业具有显著的促进作用，而对我国第一产业就业的影响不显著。罗丽英、黄娜（2008）发现我国对外直接投资与我国第二、第三产业就业人数变动正相关，与第一产业就业人数变动负相关，因此优化了我国就业结构。刘辉群、王洋（2011）基于投资主体和行业角度的研究发现，中国对外直接投资对国有企业和股份制企业的国内就业量有较小的替代作用，但对外商投资和港澳台投资企业具有较大的促进作用。中国对外直接投资对商业服务业就业量的促进作用最大，其次是制造业和采矿业。

1.2.3 文献评述

与发达国家成熟的对外直接投资不同，我国的对外直接投资是中国在作为最大的发展中国家和转型国家的双重身份下进行的，没有先例可循。因此，对我国对外直接投资的研究具有重要的理论和实践意义。国内学者通过借鉴国际经典理论，建立相应的经济学分析模型，对我国对外直接投资的动因、区位选择及影响因素进行了有益的探索和研究，并取得了非常好的研究成果。总体来看，这些成果为我国对外直接投资提供了非常好的理论探索和实践总结，也为继续分析我国的对外直接投资提供了非常好的研究视角、思路及方法。

但针对已有的研究，还有进一步深入研究的必要。第一，目前针对我国对外直接投资空间分布的研究多集中于对我国对外直接投资在东道国区位选择的分析，虽有少量研究涉及我国地区间对外直接投资的差异性，但多是描述性分析，尚缺乏对我国地区间对外直接投资的系统性研究；第二，已有研究缺乏对我国地区间对外直接投资差异性的事实性特征及动态收敛机制的深入分析；第三，虽有文献分析了我国地区间对外直接投资的影响因素，也有学者从东道国的角度分析了东道国制度对我国对外直接投资的影响，但尚缺乏基于母国制度的视角对我国地区间对外直接投资的制度影响基础进行的研究；第四，虽有学者研究过我国对外直接投资的逆向技术溢出效应，但研究结论并不一致，并且将主要国际技术溢出渠道纳入同一个分析框架进行比较研究的较少；第五，现有研究在分析我国对外直接投资的相关问题时，未考虑到地区之间的空间相关性，更缺乏将空间相关性纳入分析框架、利用空间计量经济学模型对我国地区间对外直接投资空间溢出效应的研究。

因此，在现有研究的基础上，加强对我国对外直接投资的地区差异、影响因素及溢出效应的系统研究，不仅可以弥补现有研究的不足，并且可以深刻把握我国地区间对外直接投资的演变特征、影响因素及溢出效应，进而为我国地区间对外直接投资的均衡发展提供重要的理论支持和政策启示。

1.3 研究思路、研究方法及可能的创新点

1.3.1 研究思路

本书的研究思路是：在我国对外直接投资迅猛发展的背景下，以我国地区间对外直接投资为研究对象，综合运用理论阐释与实证检验相结合的研究方法，对我国对外直接投资的地区差异、影响因素及溢出效应进行深入研究。

具体来看，本论文首先基于静态的视角对我国对外直接投资地区差异的客观事实进行测度，进而借鉴新古典经济增长理论收敛假说的思想及方法，实证检验我国对外直接投资的收敛性，以准确把握我国地区间对外直接投资的事实特征和演变特征。在此基础上，利用新制度经济学的分析框架，将制度差异纳入分析模型，研究我国对外直接投资的制度影响基础。为论证我国对外直接投资的逆向技术溢出效应，本书还进一步分析了我国对外直接投资对区域技术创新的影响。之后，本书运用近年来日益成熟和流行的空间计量经济学理论知识，将空间相关性纳入面板数据空间误差模型和面板数据空间滞后模型，深入挖掘我国对外直接投资的空间溢出效应。最后，针对我国对外直接投资的现状及存在的主要问题，提出了优化我国对外直接投资区域均衡分布的政策建议。

1.3.2 研究方法

本书以区域经济学、国际经济学、新古典经济增长理论、新制度经济学及空间计量经济学的相关理论为基础，构建"多维理论分析框架"，采用比较研究法、规范分析与实证分析相结合、动态研究与静态分析相结合等研究方法，展开对我国对外直接投资的地区差异、影响因

素及溢出效应的研究。

1. 比较研究法

我国地区间对外直接投资的差异性特征非常显著，围绕这一经济现象，本书多角度、多层次地构建经济学模型，基于省际及区域的视角利用比较的研究方法，对我国地区间对外直接投资的差异性展开比较研究，以揭示我国地区间对外直接投资差异的事实特征及演变规律。

2. 规范研究与实证分析相结合

本书主要运用实证研究的分析方法，以期客观地揭示我国地区间对外直接投资的地区差异、影响因素及溢出效应。同时，本书还结合规范研究的方法，从理论上探寻我国对外直接投资的制度形成根源。本书的最后还提出了我国对外直接投资区域均衡发展的政策建议，充分体现了规范研究与实证分析相结合的研究方法。但总体而言，本书的研究偏重于实证研究。

3. 动态研究与静态分析相结合

静态分析是经济学研究的一种常见方法，具有自身的优势，但动态分析可以在静态分析的基础上进一步研究变量之间的动态相关性和动态依存性。本书首先通过构建指标体系对我国对外直接投资的地区差异进行静态的测度，然后，借鉴新古典经济增长理论收敛假说的思想及方法，实证检验我国对外直接投资的 σ 收敛、β 收敛及俱乐部收敛的存在性，从而分别基于静态和动态的视角多角度、多层次地对我国地区间对外直接投资差异的演变特征进行深入研究。

1.3.3 可能的创新点

针对现有文献，本书可能的创新点主要体现在以下四个方面。

1. 对我国地区间对外直接投资的差异性进行全面而系统的测度和比较

目前国内文献对我国对外直接投资地区差异的研究不多，已有的少量研究多属于一般性描述，对其进行全面而系统的定量测度的文献比较缺乏。针对现有文献的不足，遵循科学性、全面性及可操作性的原则，通过构建指标体系，对我国对外直接投资的地区差异进行定量测度、比较和评价，以明确我国地区间对外直接投资差异的客观状态和存在的问题。

2. 检验我国地区间对外直接投资的收敛性

我国地区间对外直接投资的差异是动态地趋向缩小还是趋向扩大，对于我国对外直接投资的区域均衡发展具有重要的政策启示。本书借鉴新古典经济增长理论收敛假说的理论思想和方法启示，通过构建省际面板数据模型，实证检验我国地区间对外直接投资 σ 收敛、β 收敛及俱乐部收敛的存在性，以深入揭示我国地区间对外直接投资的动态演变特征。

3. 对我国地区间对外直接投资影响因素的研究

对我国地区间对外直接投资影响因素的探讨是研究我国对外直接投资动力机制的关键。现有研究虽探讨了我国地区间对外直接投资的影响因素，但还缺乏基于母国制度的视角深入分析我国对外直接投资的制度基础的研究。因此，本书针对现有研究，利用新制度经济学的研究框架，将制度纳入分析模型，研究制度对我国对外直接投资的影响，从而实现了基于制度的视角研究我国对外直接投资的影响基础。

4. 对我国对外直接投资空间溢出效应的研究

在地理区域经济学中，地区单元之间或多或少存在着一定的关联性，即空间相关性。因此，本书利用日渐成熟和逐渐流行的空间计量经济学理论，将空间相关性纳入分析框架，通过构建面板数据空间误差模型及面板数据空间滞后模型，对我国对外直接投资的空间溢出效应进行深入研究。

1.4 研究内容与结构安排

第1章：导论。首先阐述研究背景和选题意义，然后在综述现有国内外文献的基础上，提出本书的选题，并介绍论文的研究思路、研究方法、可能的创新点、研究内容及结构安排，从而对全文的整体结构及内容有一个大致的了解和把握。

第2章：中国对外直接投资的发展、国际地位、结构及地区差异特征。21世纪以来，随着"走出去"战略的积极实施，我国对外直接投资发展非常迅速，到2011年我国已成为全球对外直接投资第六大经济体，初步奠定了全球对外直接投资大国的地位。因此，有必要对我国对外直接投资的发展、国际地位、结构及地区差异特征进行分析，深入把握我国对外直接投资的发展历程、国际地位、区位选择、产业分布及地区差异特征，明确我国对外直接投资所处的历史阶段、存在的问题及挑战，为进一步分析我国地区间对外直接投资奠定基础。

第3章：中国对外直接投资地区差异的统计分析。中国对外直接投资地区差异的客观事实是研究中国对外直接投资相关问题的基础，对于客观、全面地认识和把握我国对外直接投资地区差异的程度具有重要的意义。本章通过借鉴前人的研究成果，构建出评价中国对外直接投资地区差异的指标体系，基于静态的视角客观地测度我国地区间对外直接投资差异的真实状态，从而揭示我国地区间对外直接投资差异的事实性特征。

第4章：中国对外直接投资地区差异的收敛性检验。新古典经济增长理论的一个重要结论是区域经济会趋向条件收敛。这一理论思想及研究方法为进一步研究中国对外直接投资地区差异的动态演变特征奠定了重要的理论基础和方法启示。本章借鉴新古典经济增长理论收敛假说的思想及方法，运用省际面板数据模型并通过将全国样本划分为三大俱乐部，实证检验我国对外直接投资地区差异的 σ 收敛、β 收敛及俱乐部收敛，从而深入研究我国对外直接投资地区差异的动态演变特征。

第 5 章：中国对外直接投资的影响因素。对中国对外直接投资影响因素的探讨是研究中国对外直接投资动力机制的关键。根据新制度经济学的相关理论，制度与经济绩效之间存在着非常强的互动关系。一般来说，制度水平越高，越能促进经济绩效的获得，但制度水平的高低与经济绩效之间也不一定存在严格的正向关系，还可能受到经济发展水平等其他因素的制约。因此，制度与经济绩效之间的关系尚需要进一步的实证检验。中国对外直接投资的形成是否与制度相关，是一个值得探讨的话题。本章在新制度经济学的分析框架内，将制度纳入面板数据分析模型，对制度与我国对外直接投资的关系进行实证研究，从而基于制度的视角研究我国对外直接投资的制度影响基础。

第 6 章：中国对外直接投资的逆向技术溢出效应。本书借鉴国际经典的技术溢出 CH 模型和 LP 模型，将主要国际技术溢出渠道纳入同一个分析框架，构建出包含对外直接投资、对外贸易及外商直接投资等主要国际技术溢出渠道的国际 R&D 溢出模型，利用省际面板数据比较研究对外直接投资对我国逆向技术溢出效应的存在性及地区异质性。

第 7 章：中国对外直接投资的空间溢出效应。近年来逐渐流行起来的空间计量经济学通过将空间相关性纳入分析模型，逐渐成为地理学、经济学和空间研究领域探索空间经济分布规律、解释空间经济现象、挖掘空间相关知识的重要途径和方法。本章利用空间计量经济学的相关理论，综合运用模型驱动和数据驱动的研究方法，将空间相关性纳入分析体系构建出省际面板空间计量数据模型，首先采用 Moran'I 指数检测中国地区间对外直接投资的空间相关性，进而通过构建面板空间滞后模型和面板空间误差模型实证研究中国对外直接投资的空间溢出效应。

第 8 章：结论及政策建议。在对全文的研究结论进行高度概括的基础上，结合我国对外直接投资的实际状况及存在的问题，为进一步促进我国对外直接投资的区域均衡发展提供具有针对性、前瞻性和可操作性的政策建议。最后，指出本书研究的不足及今后可能的研究方向。

2 中国对外直接投资的发展、国际地位、结构及地区差异特征

随着近年来我国对外直接投资的迅猛发展，对我国对外直接投资的发展、国际地位、结构及地区差异特征进行分析显得越来越有必要，这样才能从整体上把握我国对外直接投资所处的历史阶段和存在的主要问题及挑战，进而为进一步研究我国地区间的对外直接投资奠定基础。

2.1 中国对外直接投资发展历程

表 2 - 1 和图 2 - 1 是 1992 ~ 2015 年我国对外直接投资流量①及其变化趋势。从表 2 - 1 和图 2 - 1 可以看出，2003 年是我国对外直接投资的一个拐点，可以以 2003 年为界将 1992 ~ 2015 年划分为两个时期，即 1992 ~ 2002 年和 2003 ~ 2015 年两个阶段。1992 ~ 2002 年，我国对外直接投资的流量处于低值盘整期，如 1992 年和 1993 年我国对外直接投资

---

① 对外直接投资数据包括对外直接投资流量数据和对外直接投资存量数据。其中，对外直接投资流量等于报告期境外企业新增股本加上当期利润再投资，加上对境内投资主体的新增负债（指当期境内投资主体对境外企业提供贷款），减去当期境外企业对境内投资主体的反向投资。对外直接投资存量等于累计对外直接投资额减去境外企业累计对境内投资主体的反向投资。

流量分别只有 40 亿美元和 43 亿美元，1993 ~ 1999 年我国每年的对外直接投资流量均又回落到 20 亿美元左右，到 2001 年虽然上升到 69 亿美元，但 2002 年又下降到不足 30 亿美元。

表 2 - 1　1992 ~ 2015 年中国对外直接投资流量及增长率

单位：亿美元，%

年份	1992	1993	1994	1995	1996	1997	1998	1999	2000	2001	2002	2003
流量	40.0	43.0	20.0	20.0	21.0	26.0	27.0	19.0	10.0	69.0	27.0	28.5
增长率	–	7.50	- 53.40	0.00	5.00	23.81	3.85	- 29.60	- 47.40	590.00	- 60.90	5.56

年份	2004	2005	2006	2007	2008	2009	2010	2011	2012	2013	2014	2015
流量	55.0	122.6	211.6	265.1	559.1	565.3	688.1	746.5	878.0	1078.0	1231.0	1456.7
增长率	92.98	122.90	72.59	25.28	110.90	1.11	21.72	8.49	17.60	22.80	14.20	18.30

注：《中国对外直接投资统计公报》起始年份为 2003 年。下同。

资料来源：对外直接投资流量资料来源于 2003 ~ 2015 年《中国对外直接投资统计公报》。增长率的数据根据上述原始数据计算得到。

2003 ~ 2015 年，我国对外直接投资流量摆脱了 1992 ~ 2002 年低值徘徊的状态，进入了迅猛发展的新阶段。2003 年我国对外直接投资的流量虽只有 28.5 亿美元，但 2004 年便翻了一番，达到 55 亿美元，2005 年又超过了百亿美元，达到了 122.6 亿美元。之后，我国对外直接投资流量每年均以非常快的速度发展。其间，2009 年我国对外直接投资的流量与 2008 年相比上升幅度较小，其主要原因是 2008 年国际金融危机致使国际市场形势不明朗，这直接影响了我国对外直接投资的发展步伐。但 2010 年后我国对外直接投资又以较快的速度发展。到 2015 年达到 1456.7 亿美元，是 2003 年的 51 倍。至此，我国对外直接投资的流量已具备相当规模，我国也在全球国家（地区）的对外直接投资流量排名中成为紧跟美国的第二大对外直接投资经济体。

基于 1992 ~ 2015 年我国对外直接投资流量的年增长率，也可以将 1992 ~ 2015 年划分为 1992 ~ 2002 年和 2003 ~ 2015 年两个发展阶段。在 1992 ~ 2002 年的第一个发展阶段，我国对外直接投资的年增长率非常

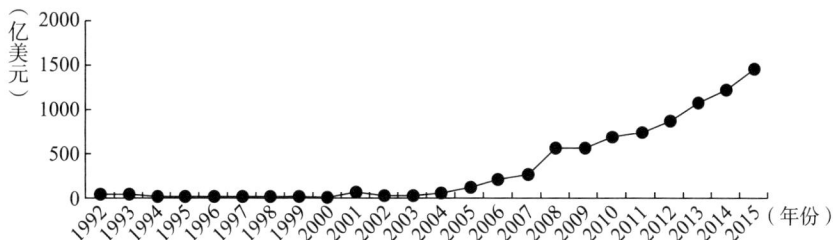

图 2 - 1 1992 ~ 2015 年中国对外直接投资流量发展趋势
资料来源：根据 2003 ~ 2015 年《中国对外直接投资统计公报》的相关数据绘制。

不稳定，跳跃性非常大。如 1993 年的年增长率为 7.5% ，但 1994 年又急剧下降为 - 53.40% ，1996 ~ 1998 年虽然处于增长阶段，但增长的幅度较小。1999 年和 2000 年的增长率又分别急剧下降为 - 29.60% 和 - 47.40% ，之后的 2001 年又从波底急剧反弹，增长率高达 590% ，但 2002 年又处于负增长。因此，从 1992 ~ 2002 年的第一阶段，我国对外直接投资的增长极不稳健，忽高忽低，发展得非常曲折。在 2003 ~ 2015 年的第二阶段，虽然每年的增长率高低不齐，但均处于快速发展时期。其中，发展较快的是 2005 年和 2008 年，增长率分别达到 122.90% 和 110.90% 。最低的年份是 2009 年，增长率只有 1.11% ，这主要是因为受到 2008 年国际金融危机的影响，国际市场形势不稳定，从而影响了我国对外直接投资的发展。

我国 1992 ~ 2002 年对外直接投资发展乏力的主要原因是这个时期我国处于邓小平"南方谈话"后的新一轮改革开放战略实施时期，在该时期，我国国内建设资金依然比较匮乏，需要大量引进外商直接投资和依靠对外贸易促进我国国民经济的发展。此时，我国没有丰裕的资金和资源发展对外直接投资。因此，1992 ~ 2002 年，我国对外直接投资发展缓慢。我国对外直接投资自 2003 年进入快速发展时期的背景是 2001 年我国加入世界贸易组织后，为适应竞争日益激烈的国际经济环境，并为了利用改革开放促进国内改革的推进，我国及时提出了"走出去"的对外开放新战略，以"充分利用国际国内两种资源、充分利用国际国内两个市场"。由此，我国的对外经济格局发生了巨大变化，由以前依靠对外贸易和吸引外商直接投资两轴驱动的对外开放战略逐步转变为"对外贸易 – 外商直接投资 – 对外直接投资"三轴驱动的对外开放新格局。

表 2 – 2 和图 2 – 2 分别为 2002～2015 年我国对外直接投资存量及其发展趋势。从表 2 – 2 和图 2 – 2 可以看出，2002～2005 年我国对外直接投资的存量虽一直处于增长的发展态势，但增长速度较慢，从 2006 年开始，我国对外直接投资存量进入快速增长的时期。到 2007 年，我国对外直接投资存量首次突破 1000 亿美元大关，达到 1179.1 亿美元，之后的 2009～2011 年分别突破了 2000 亿、3000 亿和 4000 亿美元大关，2015 年更是达到了 10978.6 亿美元。

表 2 – 2 2002～2015 年中国对外直接投资存量及增长率

单位：亿美元，%

年份	2002	2003	2004	2005	2006	2007	2008
存量	299.0	332.0	448.0	572.0	906.3	1179.1	1839.7
增长率	–	11.04	34.94	27.68	58.44	30.10	56.03

年份	2009	2010	2011	2012	2013	2014	2015
存量	2457.5	3172.1	4247.8	5319.4	6604.8	8826.4	10978.6
增长率	33.58	29.09	33.91	25.23	24.16	33.64	24.38

资料来源：根据 2003～2015 年《中国对外直接投资统计公报》的相关数据整理及计算得到。

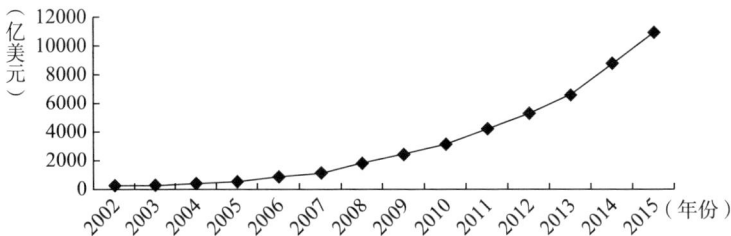

图 2 – 2 2002～2015 年中国对外直接投资存量的发展趋势

资料来源：2003～2015 年《中国对外直接投资统计公报》。

从 2002～2015 年我国对外直接投资存量的年增长率来看，2003
年存量的增长率只有 11.04%，2004 年达到 34.94%，之后我国对外
直接投资存量便以较快的速度发展，其中发展较快的几个年份分别是
2006 年和 2008 年，增长率分别达到 58.44%、56.03%。因此，我国
对外直接投资存量近年来发展速度快，积累的规模日益增大。

2.2 中国对外直接投资的国际地位

2.2.1 中国在全球主要投资大国中的地位

为与全球主要发达国家及新兴市场国家的对外直接投资进行比较，
本书选取部分发达国家及部分新兴市场国家与我国的对外直接投资进行
比较，如表 2-3 所示。从表 2-3 可以看出，全球主要的对外直接投资
大国分别为美国、法国、英国、日本、德国及中国香港地区，并且美国
的对外直接投资每年均位居全球第一的地位，而新兴市场国家中属于对
外直接投资大国的分别是中国、俄罗斯、新加坡及印度。

2003 年与主要的发达国家及部分发展中国家相比，我国对外直接
投资的规模明显偏小。如美国 2003 年对外直接投资流量高达 1200 亿
美元，法国、英国、日本的对外直接投资虽然与美国相比具有较大差
距，但也分别达到了 630 亿美元、400 亿美元及 310 亿美元，而我国
只有 29 亿美元，仅相当于美国的 2.42%，也分别只相当于法国、英
国和日本的 4.60%、7.25% 和 9.35%。即使是新兴市场国家的新加
坡和俄罗斯，也分别达到了 41 亿美元和 34 亿美元，均高于我国的 29
亿美元。因此，2003 年我国的对外直接投资与主要发达国家相比存
在非常大的差距，也明显低于部分发展中国家。因此，2003 年我国对
外直接投资在全球的规模小、地位低。

表 2 - 3   2003 ~ 2015 年中国与部分发达国家及新兴市场
国家对外直接投资流量的比较

单位：亿美元

2003 年	美国	法国	英国	日本	荷兰	德国	西班牙	新加坡	俄罗斯	中国
	1200	630	400	310	240	211	195	41	34	29
2004 年	美国	法国	英国	荷兰	日本	西班牙	加拿大	新加坡	俄罗斯	中国
	1500	580	570	385	295	220	210	55	51	55
2005 年	美国	英国	西班牙	法国	加拿大	日本	意大利	新加坡	俄罗斯	中国
	2293	654	542.5	478	475	310	193	107	96	123
2006 年	美国	荷兰	法国	英国	日本	德国	意大利	俄罗斯	墨西哥	中国
	2268	1195	1157	1011	458	456	397	131	62	212
2009 年	美国	法国	日本	德国	意大利	中国香港	俄罗斯	印度	—	中国
	2480	1472	747	627	439	523	461	149	—	565
2010 年	美国	德国	法国	中国香港	日本	俄罗斯	加拿大	韩国	印度	中国
	3289	1049	841	760	563	517	386	192	146	688
2011 年	美国	日本	法国	中国香港	比利时	俄罗斯	加拿大	新加坡	印度	中国
	3967	1144	902	816	707	673	496	252	148	747
2012 年	美国	日本	中国香港	英国	德国	加拿大	俄罗斯	瑞士	韩国	中国
	3288.7	1225.5	839.9	714.2	669.3	539.4	510.6	443.1	329.8	878
2013 年	美国	日本	中国香港	英国	德国	加拿大	俄罗斯	瑞士	韩国	中国
	3288.7	1225.5	839.9	714.2	669.3	539.4	510.6	443.1	329.8	878
2014 年	美国	中国香港	日本	德国	俄罗斯	加拿大	荷兰	新加坡	韩国	中国
	3369	1427	1136	1122	564	526	408	407	306	1231.2
2015 年	美国	日本	荷兰	爱尔兰	德国	加拿大	英国	中国香港	新加坡	中国
	2999.7	1286.5	1134.3	1016.2	943.1	671.8	614.4	551.4	354.9	1456.7

资料来源：根据 2003 ~ 2015 年《中国对外直接投资统计公报》的相关数据整理得到。

2003 年以后，我国的对外直接投资进入了快速发展时期，与主要发达国家的差距逐步缩小，并逐渐超过了部分发展中国家。到 2015 年，美国的对外直接投资依然处于全球第一的位置，达到 2999.7 亿美元，日本在 2011 年突破千亿美元大关，2015 达到 1286.5 亿美元，其次分别为荷兰和爱尔兰，而我国也达到了 1456.7 亿美元，我国

2015 年的对外直接投资相当于美国的 48.56%，这表明我国 2015 年的对外直接投资迈上新台阶，创下 2011 年来的最好成绩。与新兴市场国家相比，我国早已超过了新加坡和印度，成为在全球排名第二、发展中国家排名第一的对外直接投资大国。处于新兴市场国家对外直接投资第二名是新加坡，其 2015 年对外直接投资额为 354.9 亿美元，相当于我国对外直接投资的 24.36%。至此，我国对外直接投资大国的国际地位初步确立。

2.2.2 中国对外直接投资占全球份额

对外直接投资占全球对外直接投资的份额也可以清晰地反映一个国家（地区）对外直接投资的国际地位，表 2-4 为 1998~2015 年中国对外直接投资占全球比重。从表 2-4 可以看出，1998~2015 年我国对外直接投资在全球的地位可以划分为三个阶段：第一阶段为 1998~2004 年，第二阶段为 2005~2008 年，第三阶段为 2009~2015 年。

表 2-4 1998~2015 年中国对外直接投资占全球比重

单位：%

年份		1998	1999	2000	2001	2002	2003	2004	2005	2006
占全球比重	流量	0.38	0.16	0.07	0.92	0.47	0.45	0.90	1.68	2.72
	存量	0.58	0.52	0.45	0.52	0.50	0.48	0.55	0.59	0.85
年份		2007	2008	2009	2010	2011	2012	2013	2014	2015
占全球比重	流量	1.45	3.86	5.10	5.20	4.40	6.30	7.60	9.10	9.90
	存量	0.57	0.96	1.30	1.60	2.01	2.30	2.50	3.40	4.40

资料来源：根据 2003~2015 年《中国对外直接投资统计公报》的相关数据整理得到。

1998~2004 年第一阶段的特点是我国对外直接投资占全球的比重较低，无论是流量还是存量均低于 1% 的水平，并且流量所占比重的波动性较大。如 1998 年我国对外直接投资流量占全球的比重只有 0.38%，之后的两年又持续降低为 0.16% 和 0.07%，2001 年开始上升到

0.92%，但其后的 2002 年和 2003 年又分别下降为 0.47% 和 0.45%，然后在 2004 年又上升为 0.90%。但这一阶段，对外直接投资存量占全球的比重总体来看比较稳定，多维持在 0.50% 左右小幅度波动，其中最高的年份是 1998 年的 0.58%，最低年份是 2000 年的 0.45%。但总体来看，这一阶段的对外直接投资占全球份额较低，我国对外直接投资在全球的地位还很薄弱。

2005~2008 年第二阶段的特点是我国对外直接投资占全球的比重持续上升，并开始占据越来越重要的地位。2005 年我国对外直接投资流量占全球的比重首次超过 1%，达到 1.68%，2006 年又大幅上升为 2.72%，2007 年虽有所降低，但 2008 年又跃升至 3.86% 的历史新高。这一阶段对外直接投资的存量占全球的比重较第一阶段也有较大的提升，如 2006 年达到 0.85%，2008 年又达到 0.96%。总体来看，这一时期我国对外直接投资占全球的份额日益提高，但在全球的排名还稍嫌落后，如 2006 年和 2007 年我国对外直接投资流量全球排名均为第 13 名，2008 年进步到第 12 名。

2009~2015 年的第三阶段，我国对外直接投资在全球的地位明显提升，并开始真正成为全球对外直接投资大国。2009 年我国对外直接投资流量占全球的比重高达 5.10%，2010 年继续上升到 5.20%，2011 年虽有所降低，但也达到 4.40%，之后几年达到高速发展的阶段，2012 年超过了 6%，2015 年达到 9.90%。从存量来看，2009 年我国对外直接投资存量占全球的比重首次超过 1%，达到 1.30%，2010 年和 2011 年又分别提高到 1.60% 和 2.01%，2015 年超过了 4%。从全球排名来看，2009 年和 2010 年我国对外直接投资流量在全球均位居第 5 位，2015 年已跃居第 2，我国对外直接投资世界大国的地位初步确立。

2.3 中国对外直接投资的行业结构

从动机来看，对外直接投资主要有能源寻求型、市场驱动型、要素驱动型、技术寻求型、壁垒规避型以及战略利用型。一个国家和地区的对外直接投资动机往往并非单一，不同投资主体的动机也会有所差异。对外直接投资的动机难以直接捕获，但一个国家或地区对外直接投资的行业结构可以从侧面反映出该国或地区对外直接投资的动机。因此，有必要通过分析我国对外直接投资的行业结构，从中探索出我国对外直接投资的动机。表2-5和表2-6分别是我国2003~2015年对外直接投资流量和存量的行业结构。

表2-5 2003~2015年中国对外直接投资流量的行业结构①

单位：%

行业	2003年	2004年	2005年	2006年	2007年	2008年	2009年	2010年	2011年	2012年	2013年	2014年	2015年
A	3.00	5.25	0.86	0.84	1.03	0.31	0.61	0.78	1.07	1.66	1.68	1.65	1.77
B	48.40	32.74	13.66	40.35	15.33	10.41	23.60	8.31	19.35	15.43	23.00	13.44	7.72
C	21.80	13.74	18.60	4.28	8.02	3.16	3.96	6.78	9.43	9.87	6.67	7.78	13.72
D	1.00	1.43	0.06	0.56	0.57	2.35	0.83	1.46	2.51	2.20	0.63	1.43	1.47
E	1.00	0.87	0.67	0.16	1.24	1.31	0.64	2.37	2.21	3.70	4.05	2.76	2.56
F	3.00	15.07	4.70	6.50	15.34	4.75	3.66	8.22	3.43	3.40	3.07	3.39	1.87
G	–	0.55	0.12	0.23	1.15	0.53	0.49	0.74	1.40	1.41	1.30	2.57	4.68
H	12.60	14.55	18.43	5.26	24.92	11.65	10.85	9.78	13.83	14.86	13.58	14.86	13.19
I	–	0.04	0.06	0.01	0.04	0.05	0.13	0.32	0.16	0.16	0.08	0.20	0.50

---

① 表2-5中的A表示农、林、牧、渔业；B表示采矿业；C表示制造业；D表示电力、煤气及水的生产和供应业；E表示建筑业；F表示交通运输、仓储和邮政业；G表示信息传输、计算机服务和软件业；H表示批发和零售业；I表示住宿和餐饮业；J表示金融业；K表示房地产业；L表示租赁、商业服务业；M表示科研、技术服务和地质勘查业；N表示水利、环境和公共设施管理业；O表示居民服务和其他服务业。

续表

行业	2003 年	2004 年	2005 年	2006 年	2007 年	2008 年	2009 年	2010 年	2011 年	2012 年	2013 年	2014 年	2015 年
J	—	—	—	16.68	6.29	25.13	15.45	12.54	8.13	11.47	14.01	12.93	16.64
K	—	0.15	0.94	1.81	3.43	0.61	1.66	2.34	2.64	2.30	3.67	5.36	5.35
L	9.80	13.63	40.30	21.36	21.15	38.85	36.22	44.01	34.29	30.46	25.09	29.91	24.89
M	—	0.33	1.06	1.33	1.15	0.30	1.37	1.48	0.95	1.68	1.66	1.36	2.30
N	—	0.02	—	0.04	0.01	0.25	0.01	0.10	0.34	0.04	0.13	0.45	0.94
O	—	1.60	0.51	0.53	0.29	0.30	0.47	0.47	0.44	1.01	1.05	1.34	1.10

资料来源：根据 2003～2015 年《中国对外直接投资统计公报》的相关数据整理得到。

从表 2-5 我国对外直接投资流量的行业结构来看，我国对外直接投资的行业分布比较广泛，涵盖的行业比较齐全。我国对外直接投资的行业分布可以分为三大类，第一类为高份额行业，如采矿业、批发和零售业、租赁业和商业服务业、金融业和制造业等五个主要行业门类。从流量的产业分布来看，采矿业一直以来都是我国对外直接投资的主要行业，2003 年采矿业对外直接投资占我国对外直接投资的比重为 48.40%，之后虽有波动，但整体呈下降趋势，在 2015 年下降到了 7.72%。批发和零售业也是我国对外直接投资的重要行业，自 2003 年以来所占的比重虽然有高有低，但到 2015 年也依然达到 13.19% 的水平。金融业的比重也一直在 6%～26% 的范围内波动。租赁和商业服务业与以上几个行业具有一个显著的差异，自 2003 年到 2010 年，我国租赁和商业服务业对外直接投资比重从 9.80% 快速上升到 44.01%，虽然此后开始下降，但到 2015 年依然保持在 24% 以上，仍然是我国对外直接投资最大的行业部门。第二类为中等份额行业，如制造业，交通运输、仓储和邮政业，房地产业，这些行业的份额多数年份处于 2%～10% 之间。第三类为低份额行业，如农、林、牧、渔业，电力、煤气及水的生产和供应业，建筑业，住宿和餐饮业，科研、技术服务和地质勘探业以及居民服务和其他服务业，这些行业的份额多处于 1% 左右或以下。

表 2 - 6 是我国对外直接投资存量的行业结构。通过比较分析表 2 - 5 和表 2 - 6 可以发现，对外直接投资存量的行业结构与流量的结构特征极为相似，只是交通运输、仓储和邮政业的存量比重总体上高于同时期流量所占的比重，其他行业存量所占比例与流量所占比例相差不大。

表 2 - 6　2003～2015 年中国对外直接投资存量的行业结构[①]

单位：%

行业	2003年	2004年	2005年	2006年	2007年	2008年	2009年	2010年	2011年	2012年	2013年	2014年	2015年
A	1.01	1.86	0.89	0.90	1.02	0.80	0.83	0.82	0.80	0.93	1.09	1.10	1.05
B	18.00	13.29	15.12	19.75	12.73	12.43	16.51	14.08	15.77	14.06	16.07	14.02	12.97
C	6.20	10.13	10.09	8.31	8.09	5.25	5.53	5.61	6.35	6.42	6.36	5.93	7.15
D	2.02	0.49	0.50	0.49	0.51	1.00	0.92	1.08	1.68	1.69	1.70	1.70	1.43
E	2.01	1.83	2.10	1.73	1.39	1.46	1.39	1.95	1.90	2.42	2.94	2.56	2.47
F	6.01	10.23	12.38	8.35	10.23	7.89	6.77	7.31	5.95	5.49	4.88	3.93	3.63
G	32.80	2.66	2.31	1.60	1.61	0.91	0.80	2.65	2.25	0.91	1.12	1.40	1.91
H	19.70	17.52	19.96	14.29	17.16	16.23	14.52	13.24	11.56	12.82	13.27	11.66	11.11
I	–	0.05	0.08	0.07	0.10	0.07	0.10	0.14	0.14	0.14	0.14	0.15	0.20
J	–	–	–	17.22	14.18	19.95	18.72	17.42	15.87	18.13	17.73	15.59	14.54
K	–	0.45	2.61	2.23	3.83	2.23	2.17	2.29	2.12	1.80	2.33	2.79	3.05
L	6.02	3.67	28.94	21.48	25.88	29.67	29.68	30.66	33.50	33.03	29.64	36.53	37.31
M	–	0.28	1.06	1.24	1.29	1.08	1.17	1.25	1.03	1.28	1.31	1.23	1.31
N	3.01	2.03	1.59	1.01	0.78	0.58	0.43	0.36	0.57	0.01	0.05	0.15	0.23
O	–	2.44	2.31	1.30	1.10	0.39	0.39	1.02	0.38	0.67	1.16	1.02	1.30

资料来源：根据 2003～2015 年《中国对外直接投资统计公报》的相关数据整理得到。

[①]　表 2 - 6 中的 A 表示农、林、牧、渔业；B 表示采矿业；C 表示制造业；D 表示电力、煤气及水的生产和供应业；E 表示建筑业；F 表示交通运输、仓储和邮政业；G 表示信息传输、计算机服务和软件业；H 表示批发和零售业；I 表示住宿和餐饮业；J 表示金融业；K 表示房地产业；L 表示租赁、商业服务业；M 表示科研、技术服务和地质勘查业；N 表示水利、环境和公共设施管理业；O 表示居民服务和其他服务业。

由此可以看出，我国对外直接投资的动机比较复杂，主要包括能源寻求型、市场驱动型、要素驱动型及壁垒规避型等。具体来说，从我国对外直接投资的行业结构来看，我国相当一部分对外直接投资是为了获取国外的能源，从而投向了国外的能源领域，这与近年来国内外日益紧张的能源形势有关。还有一部分对外直接投资投向了批发和零售业以及租赁和商业服务业等市场寻求型的行业，这说明随着国际市场的竞争日益激烈，我国对外直接投资的微观主体开始真正深入国外市场，通过对东道国直接投资的方式来获取东道国的市场。还有相当一部分对外直接投资投向了制造业等要素尤其是劳动力密集的行业，这说明两个问题：一是我国通过对外直接投资来达到利用国外优质生产要素的目的，二是以绿地投资在东道国直接建厂的方式达到规避东道国贸易壁垒的目的。

因此，我国对外直接投资的一个显著特征，就是我国的对外直接投资主要集中在资源类、制造业及普通商业服务业等技术含量较低而资本密集度较高的行业，而像科学研究、技术服务等技术含量高的行业比重较低。总体而言，我国对外直接投资的动机主要有资源寻求、市场驱动及壁垒规避。

2.4　中国对外直接投资的区位结构

对外直接投资的区位结构是研究对外直接投资的一个重要内容。通过对对外直接投资区位结构的研究，可以了解我国对外直接投资区位结构的特征、把握我国对外直接投资东道国市场的多元化状况。

2.4.1　中国对外直接投资的洲际覆盖率

对外直接投资区位分布的覆盖率是指对外直接投资分布国家（或

地区）占全球所有国家（或地区）或大洲所有国家（或地区）的比重。因此，对外直接投资区位分布的覆盖率在一定程度上可以反映我国对外直接投资区位分布的多元化程度。表 2 - 7 和图 2 - 3 是 2003 ~ 2015 年中国境外企业在世界各地区的覆盖率。从表 2 - 7 可以看出，2003 ~ 2015 年我国境外企业在全球的覆盖比例除了 2003 年为 60%、2015 年为 80.3% 外，其他年份均在 71% ~ 80% 之间，这说明我国境外企业在全球的覆盖率比较高、区位分布的多元化程度也较高。

表 2 - 7 2003 ~ 2015 年中国境外企业在世界各地区的覆盖率

单位：%

年份	2003	2004	2005	2006	2007	2008	2009	2010	2011	2012	2013	2014	2015
全球	60.0	71.0	71.2	71.0	71.2	71.9	72.8	72.7	72.0	76.8	79.0	79.8	80.3
亚洲	81.0	91.0	93.0	91.0	90.0	90.0	90.0	90.0	90.0	95.7	97.9	97.9	97.9
非洲	73.0	79.0	83.0	81.0	81.0	81.4	81.4	85.0	85.0	85.0	86.7	86.7	85.0
北美洲	50.0	75.0	75.0	75.0	75.0	75.0	75.0	75.0	75.0	75.0	75.0	75.0	75.0
欧洲	61.0	80.0	85.0	73.0	74.0	74.0	77.0	71.0	71.2	85.7	85.7	85.7	87.8
拉丁美洲	49.0	43.0	45.0	53.0	53.0	55.0	57.0	57.0	57.1	56.3	60.4	64.6	67.3
大洋洲	35.0	45.0	36.0	36.0	42.0	42.0	40.0	44.0	40.0	45.8	50.0	50.0	50.0

资料来源：根据 2003 ~ 2015 年《中国对外直接投资统计公报》的相关数据整理得到。

就具体洲际的覆盖率来看，我国境外企业在亚洲的覆盖率最高，多数年份都在 90% 左右，并且我国境外企业在亚洲的覆盖率近年来一直比较稳定。其次是非洲，我国境外企业在非洲的覆盖率多数年份处于 80% ~ 87%。再次分别是北美洲和欧洲，在北美洲的覆盖率多在 75%，而在欧洲的覆盖率在 2011 年之前虽然只有 2004 年和 2005 年分别达到 80% 和 85%，其他年份多低于 74%，但从 2012 年开始，覆盖率一直稳定在 85.7% 和 87.8%。覆盖率最低的是拉丁美洲和大洋洲，但它们的覆盖率整体在增加，其中在拉丁美洲的覆盖率自 2013 年超过 60% 后，增长到 2015 年的 67.3%；在大洋洲的覆盖率最低，但自 2013 年起也增加到50%，并一直保持稳定。

我国境外企业在亚洲和非洲的覆盖率最高，其可能的原因是：第一，亚洲和非洲多数国家属发展中国家，而我国目前也是发展中国家，与这些发展中国家经济环境的相似度较高；第二，非洲虽然发展程度比较低，但非洲拥有比较丰富的自然资源，并且非洲国家与我国具有传统的友好关系，这进一步促进了我国对非洲的对外直接投资。

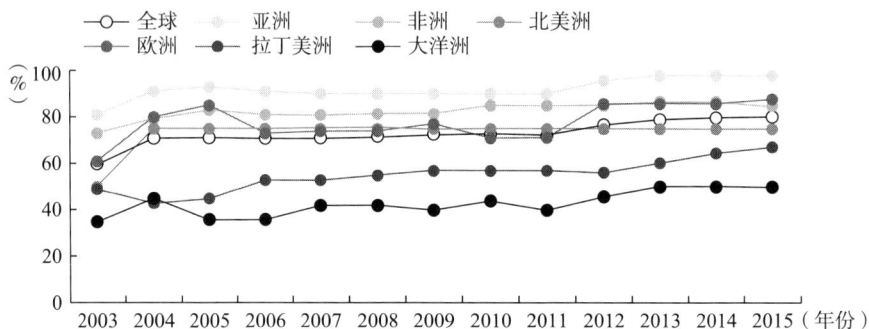

图 2 - 3　2003 ~ 2015 年中国境外企业在世界各地区的覆盖率

资料来源：根据 2003 ~ 2015 年《中国对外直接投资统计公报》的相关数据绘制。

2.4.2　中国对外直接投资的洲际构成

我国境外企业在各大洲投资的覆盖率虽然在一定程度上反映了我国对外直接投资洲际分布的某些特点，但不能准确刻画我国对外直接投资在各大洲的量的差异。因此，有必要比较分析我国对外直接投资在各大洲分布的比重构成。表 2 - 8 和表 2 - 9 分别为 2003 ~ 2015 年中国对外直接投资流量和存量的洲际构成①。

从表 2 - 8 我国对外直接投资流量的洲际构成来看，我国对外直接投资自 2003 年起主要流向了亚洲地区，2003 年我国对外直接投资流向

---

① 　洲际构成和洲际覆盖率是两个完全不同的概念。此处的洲际构成是指我国在各洲的对外直接投资额在我国对外直接投资总额中所占的份额。

亚洲的流量占我国当年对外直接投资一半以上，达到 52.5%，虽然 2005 年和 2006 年低于 50%，但之后的其他年份都超过了 60%，尤其是 2008 年，更是达到了 77.9%，这充分说明我国对外直接投资虽然在国际上的区位分布覆盖率较高，但集中度也很高，高度集中于亚洲。其次是拉丁美洲，我国在拉丁美洲的直接投资在 2003 年达到 36.5%，2005 年更是超过亚洲，达到 52%，但从 2007 年开始，我国对拉丁美洲的直接投资开始下降到 20% 以下。排名第三的是欧洲，我国在欧洲的直接投资多数年份均低于 10%，在 2011 年达到其最高值，为 11.1%。然后是非洲、大洋洲和北美洲，我国对这三大洲的直接投资每年所占的份额有所差别，除非洲和大洋洲大多处于 5% 以下的较低水平，北美洲自 2011 年开始，份额持续增加，直至 2014 年开始达到 7% 以上。

表 2 - 8   2003 ~ 2015 年中国对外直接投资流量的洲际构成比例

单位：%

洲别	2003 年	2004 年	2005 年	2006 年	2007 年	2008 年	2009 年	2010 年	2011 年	2012 年	2013 年	2014 年	2015 年
亚洲	52.5	54.6	36.0	43.4	62.6	77.9	71.4	65.3	60.9	73.8	70.1	69.0	74.4
非洲	2.6	5.8	3.0	2.9	5.9	9.8	2.6	3.1	4.3	2.9	3.2	2.6	2.0
欧洲	5.3	3.1	4.0	3.4	5.8	1.6	5.9	9.8	11.1	8.0	5.5	8.8	4.9
拉丁美洲	36.5	32.0	52.0	48.1	18.5	6.6	13.0	15.3	16.0	7.0	13.3	8.6	8.6
北美洲	2.0	2.3	3.0	1.5	4.3	0.6	2.7	3.8	3.3	5.6	4.5	7.5	7.4
大洋洲	1.1	2.2	2.0	0.8	2.9	3.5	4.4	2.7	4.4	2.7	3.4	3.5	2.7

资料来源：根据 2003 ~ 2015 年《中国对外直接投资统计公报》的相关数据整理得到。

表 2 - 9 我国对外直接投资存量的洲际构成，也大致延续了流量洲际构成的特征，我国对外直接投资存量在亚洲所占比重占据绝对优势，多数年份都超过 70%，其次是拉丁美洲、欧洲、北美洲、非洲和大洋洲。因此，基于对外直接投资流量和存量的洲际分布，我国对外直接投资的区位分布虽然比较多元化，但在亚洲的集中度过高，对北美洲及欧洲等发达地区的直接投资明显不足。

表 2 - 9　2003 ~ 2015 年中国对外直接投资存量的洲际构成比例

单位：%

洲别	2003 年	2004 年	2005 年	2006 年	2007 年	2008 年	2009 年	2010 年	2011 年	2012 年	2013 年	2014 年	2015 年
亚洲	80.0	74.6	71.0	63.9	67.2	71.4	75.5	71.9	71.4	68.5	67.7	68.1	70.0
非洲	1.5	2.0	3.0	3.4	3.8	4.2	3.8	4.1	3.8	4.1	4.0	3.7	3.2
欧洲	1.6	1.7	3.0	3.0	3.8	2.8	3.5	5.0	5.8	7.0	8.1	7.9	7.6
拉丁美洲	14.0	18.5	20.0	26.3	20.9	17.5	12.5	13.8	13.0	12.8	13.0	12.0	11.5
北美洲	1.7	2.4	2.0	2.1	2.7	2.0	2.1	2.5	3.2	4.8	4.3	5.4	4.8
大洋洲	1.4	1.1	1.0	1.3	1.6	2.1	2.6	2.7	2.8	2.8	2.9	2.9	2.9

资料来源：根据 2003 ~ 2015 年《中国对外直接投资统计公报》的相关数据整理得到。

2.4.3　中国对外直接投资的国别构成

表 2 - 10 是 2003 ~ 2015 年我国对外直接投资流量前七位国家（地区）所占份额。从表 2 - 10 可以看出，中国香港、开曼群岛及英属维尔京群岛是我国对外直接投资流向最多的三个地区，除了 2008 年南非成为我国对外直接投资第二大流向国、2009 年澳大利亚成为我国对外直接投资第三大流向国、2013 年美国成为我国第三大流向国及 2014 年美国和卢森堡分别成为我国对外直接投资第二、第三大流向国外，其他年份我国对外直接投资最多的三个地区均为我国香港地区、开曼群岛及英属维尔京群岛。在这三大地区的比较中，除了 2005 年和 2006 年开曼群岛位居第一外，其他年份中国香港地区是我国对外直接投资流向最多的地区。因此，总体来看，香港地区是我国对外直接投资流向最多的地区，其次是开曼群岛和英属维尔京群岛。从三大地区所占份额来看，2003 年我国流向香港地区的对外直接投资占我国对外直接投资总额的 40.35%、开曼群岛占 28.32%、英属维尔京群岛占 7.37%。之后虽然有所波动，但我国香港地区吸引我国对外直接投资除个别年份外，多数年份多在 50% ~70% 之间。

表 2 - 10　2003～2015 年我国对外直接投资流量
前七位国家（地区）所占份额

单位：%

2003 年	中国香港	开曼群岛	英属群岛	韩国	丹麦	美国	泰国	CR7
	40. 35	28. 32	7. 37	5. 40	2. 59	2. 28	2. 00	88. 31
2004 年	中国香港	开曼群岛	英属群岛	苏丹	澳大利亚	美国	俄罗斯	总计
	47. 80	23. 38	7. 02	2. 67	2. 27	2. 18	1. 40	86. 72
2005 年	开曼群岛	中国香港	英属群岛	韩国	美国	俄罗斯	澳大利亚	总计
	42. 09	27. 90	10. 03	4. 80	1. 89	1. 63	1. 57	89. 91
2006 年	开曼群岛	中国香港	英属群岛	俄罗斯	美国	新加坡	沙特	总计
	37. 00	32. 75	2. 54	2. 14	0. 94	0. 62	0. 55	76. 54
2007 年	中国香港	开曼群岛	英属群岛	加拿大	巴基斯坦	英国	澳大利亚	总计
	51. 80	9. 81	7. 08	3. 90	3. 44	2. 14	2. 01	80. 18
2008 年	中国香港	南非	英属群岛	澳大利亚	新加坡	开曼群岛	澳门	总计
	69. 11	8. 60	3. 76	3. 38	2. 77	2. 73	1. 15	91. 50
2009 年	中国香港	开曼群岛	澳大利亚	卢森堡	英属群岛	新加坡	美国	总计
	62. 98	9. 48	4. 31	4. 02	2. 85	2. 50	1. 61	87. 75
2010 年	中国香港	英属群岛	开曼群岛	卢森堡	澳大利亚	瑞典	美国	总计
	55. 96	8. 89	5. 08	4. 66	2. 47	1. 99	1. 90	80. 95
2011 年	中国香港	英属群岛	开曼群岛	法国	新加坡	澳大利亚	美国	总计
	47. 76	8. 32	6. 61	4. 66	4. 38	4. 24	2. 43	78. 40
2012 年	中国香港	英属群岛	开曼群岛	美国	澳大利亚	新加坡	卢森堡	总计
	57. 60	5. 80	5. 70	3. 20	2. 60	2. 30	1. 70	78. 90
2013 年	中国香港	开曼群岛	美国	澳大利亚	英属群岛	新加坡	印尼	总计
	58. 30	8. 60	3. 60	3. 20	3. 00	1. 90	1. 50	80. 10
2014 年	中国香港	美国	卢森堡	英属群岛	开曼群岛	澳大利亚	新加坡	总计
	57. 60	6. 20	3. 70	3. 70	3. 40	3. 30	2. 30	80. 20
2015 年	中国香港	开曼群岛	英属群岛	美国	新加坡	澳大利亚	荷兰	总计
	59. 80	5. 70	4. 70	3. 70	2. 90	2. 60	1. 80	81. 20

注：表 2 - 10 中的英属群岛实为英属维尔京群岛。由于表格尺寸有限，因此在表中进行了简写。

资料来源：根据 2003～2015 年《中国对外直接投资统计公报》的相关数据整理得到。

从表 2 - 10 还可以看出，2003～2015 年，我国投资最多的七个国家或地区所占比重均非常高，如 2003 年我国对外直接投资流向最多的七个国家或地区所占份额占我国对外直接投资的 88.31%，之后虽有所波动，但均处于高位。最高的年份为 2008 年，2008 年我国对外直接投资流向最多的七个国家或地区流量总额占我国对外直接投资总额的 91.50%。即使是最低年份的 2006 年，也达到 76.54% 的高位。

从表 2-10 还可以看出，排在这三大地区之后的其他国家（或地区）如韩国、丹麦、美国、法国、新加坡、加拿大、俄罗斯等吸引我国对外资直接投资比较少，所占份额多数均低于 5%。因此，我国对外直接投资的区位分布虽然呈现多元化的态势，但仍然高度集中于我国香港地区、开曼群岛及英属维尔京群岛这三大地区，尤其是我国香港地区所占份额最大，多数年份均吸引了我国对外直接投资总量的 50% 左右，而全球其他国家和地区吸引我国对外直接投资的份额均相对较低。

2.5 中国对外直接投资的主体结构

表 2-11 是 2003~2015 年中国对外直接投资存量的主体结构。从表2-11 可以看出，国有企业是我国对外直接投资的主体，其次是有限责任公司，然后是股份有限公司和股份合作企业，其他私营企业、集体企业、外商投资企业及港澳台投资企业所占比重非常小。

从具体数据及变化趋势来看，2003 年国有企业对外直接投资所占份额为 43%，2004~2006 年虽有所下降，但 2007 年又达到 71% 的高峰，之后的 2008~2015 年均处于 50%~70% 之间。有限责任公司所占份额排在第二，其所占份额在 2012 年以前，多在 20%~30% 之间小幅度波动，只有 2005 年和 2006 年超过 30%，2012 年起大幅增长，2013 年再次超过 30%，2014 年和 2015 年分别达到 33.2% 和 32.2%。股份有限公司排名第三，从波动趋势来看，2003～2006 年股份有限公司所占份额在 10%～12% 之间波动，但 2007～2015 年股份有限公司所占的份额均降低到 10% 以内。股份合作企业、私营企业、集体企业、外商投资企业、港澳台投资企业与股份有限公司所占份额的发展趋势类似，均是 2003～2006 年虽然所占份额较低，但比较稳定，2007～2015 年的份额均急剧下降。

表 2－11   2003～2015 年中国对外直接投资存量的主体结构

单位：%

注册类型	2003年	2004年	2005年	2006年	2007年	2008年	2009年	2010年	2011年	2012年	2013年	2014年	2015年
国有企业	43.0	35.0	29.0	26.0	71.0	69.6	69.2	66.2	62.7	59.8	55.2	53.6	50.4
有限责任公司	22.0	30.0	32.0	33.0	20.3	20.1	22.0	23.6	24.9	26.2	30.8	33.2	32.2
股份有限公司	11.0	10.0	12.0	11.0	5.1	6.6	5.6	6.1	7.6	6.6	7.5	7.7	8.7
股份合作企业	4.0	3.0	4.0	9.0	0.7	1.2	1.0	1.1	1.6	2.9	2.0	1.5	1.7
私营企业	10.0	12.0	13.0	12.0	0.5	1.0	1.0	1.5	1.7	2.2	2.2	1.6	2.1
集体企业	2.0	2.0	2.0	2.0	0.4	0.4	0.3	0.2	0.2	0.2	0.1	0.1	0.3
外商投资企业	5.0	5.0	5.0	4.0	0.7	0.8	0.5	0.7	0.9	1.1	1.2	1.2	1.5
港澳台投资企业	2.0	2.0	2.0	2.0	0.1	0.1	0.1	0.1	0.2	0.3	0.4	0.3	0.4
其他	2.0	1.0	1.0	1.0	0.2	0.2	0.3	0.5	0.2	0.7	0.6	0.8	2.7

资料来源：根据 2003～2015 年《中国对外直接投资统计公报》的相关数据整理得到。

我国对外直接投资的主体是国有企业，而股份公司及私营企业等非国有经济主体所占份额非常小，这个特点从一个侧面充分说明了我国目前的对外直接投资主要是政策推动的结果，而非市场主体以利润最大化为目标的市场行为。我国对外直接投资的这种特点虽然可以在一定时期内迅速扩大对外直接投资规模，但也存在诸多问题，如国有企业对外直接投资的盈利能力问题，以及我国目前频繁遭遇以美国为代表的发达国家以政治理由拒绝我国企业在某些关键领域的收购及投资行为，这也为我国对外直接投资的可持续发展提出了新的挑战。

2.6 中国对外直接投资的地区差异特征

2.6.1 三大地区分布的比较

为初步分析我国对外直接投资的地区差异特征，本书将我国大陆31个省、自治区、直辖市划分为东部地区、中部地区和西部地区三大区域[①]。表2-12和图2-4分别是中国三大区域对外直接投资所占比重的比较及其发展趋势。

表 2-12 2003~2015 年中国三大区域对外直接投资流量所占比重的比较

单位：%

区域	2003年	2004年	2005年	2006年	2007年	2008年	2009年	2010年	2011年	2012年	2013年	2014年	2015年
东部	91.49	89.57	87.64	86.05	82.04	77.59	74.81	78.56	72.13	74.40	80.25	81.83	85.20
中部	5.38	5.72	8.52	10.07	9.69	11.31	14.73	10.00	15.45	9.40	6.96	6.26	6.80
西部	3.13	4.71	3.84	3.88	8.27	11.10	10.46	11.44	12.42	16.20	12.79	11.91	8.00

资料来源：根据2003~2015年《中国对外直接投资统计公报》的相关数据计算得到。

从三大区域所占比重的比较来看，东部地区对外直接投资在我国区

---

① 我国大陆共包含31个省、自治区、直辖市。由于西藏自治区对外直接投资的量非常小，不具有明显的统计意义，因此本书对东部、中部和西部地区的划分剔除了西藏自治区。按照通常的划分习惯，东部地区包括北京市、天津市、河北省、辽宁省、山东省、江苏省、上海市、浙江省、福建省、广东省、海南省；中部地区包括山西省、内蒙古自治区、吉林省、黑龙江省、安徽省、江西省、河南省、湖北省、湖南省；西部地区包括陕西省、甘肃省、青海省、广西壮族自治区（以下简称"广西自治区"）、宁夏回族自治区（以下简称"宁夏自治区"）、新疆维吾尔自治区（以下简称"新疆自治区"）、四川省、重庆市、贵州省、云南省。

域对外直接投资中占据绝对优势地位，如 2003 年东部地区对外直接投资占全国对外直接投资的份额高达 91.49%，中部地区只占 5.38%，西部地区只占 3.13%。2003 年以后，三大地区对外直接投资份额虽然在个别年份有所反弹，但总体趋势是东部地区所占比重持续降低，到 2011 年降低为 72.13%，后又提升至 2015 年的 85.2%，而中部地区和西部地区的总体趋势是所占份额逐渐缓慢增多。从绝对数据来看，即使存在此消彼长的变化趋势，但 2011 年东部地区依然占据绝对的优势地位，而中部地区和西部地区的地位依然非常薄弱。

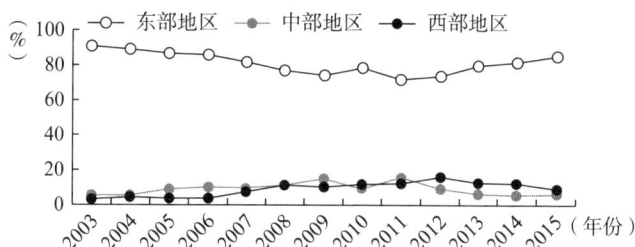

图 2 - 4　2003～2015 年中国三大区域对外直接投资流量所占比重的发展趋势
资料来源：根据 2003～2015 年《中国对外直接投资统计年鉴》的相关数据计算得到。

我国对外直接投资三大地区分布的数据说明我国对外直接投资存在着非常明显的"东高西低"的现象：我国对外直接投资主要集中于东部地区，而中部地区和西部地区的对外直接投资在全国的比重过低。

2.6.2　中国主要省市的对外直接投资

表 2 - 13 是 2003～2015 年我国对外直接投资流量排名前十位的地区及所占份额。从表 2 - 13 可以看出，2003 年位居我国对外直接投资流量前三名的省份分别为北京市、广东省及山东省，其中北京市的对外直接投资为 3.01 亿美元，广东省和山东省分别为 0.96 亿美元和 0.89 亿美元。第四到第十名依次为福建省、上海市、山西省、浙江省、江苏省、辽宁省和黑龙江省。排在第十名的黑龙江省 2003 年的对外直接投资为 0.07 亿美元，只有北京市的 2.33%，这说明排名第一的北京市和

排名第十的黑龙江省之间的差距非常大。从 2004 年起，每年的排名均有所变化，即使是排名第一的省市也处于不断变化之中，其中，广东省在 2006 年、2007 年、2008 年、2011 年、2012 年、2013 年及 2014 年分别位处当年的第一名，而上海市在 2004 年、2005 年、2009 年和 2015 年分别位处当年的第一名，浙江省在 2010 年位处第一名。

虽然每年的排名均有所变化，但总体来看，广东省、上海市、北京市、浙江省、山东省、辽宁省等省份的对外直接投资在全国的省份中均处于领先的地位。而河南省、甘肃省、云南省、安徽省等只在部分年份进入我国对外直接投资的前十名，其他多数年份均位于前十名之外。

表 2 - 13　2003～2015 年我国对外直接投资流量排名前十位的地区数据及份额

单位：亿美元，%

年份	第一	第二	第三	第四	第五	第六	第七	第八	第九	第十	CR10
2003 年	北京	广东	山东	福建	上海	山西	浙江	江苏	辽宁	黑龙江	95.51
	3.01	0.96	0.89	0.62	0.52	0.46	0.37	0.25	0.08	0.07	
2004 年	上海	北京	广东	山东	浙江	江苏	黑龙江	辽宁	新疆	吉林	88.90
	2.06	1.57	1.39	0.75	0.72	0.57	0.56	0.41	0.33	0.29	
2005 年	上海	广东	黑龙江	山东	浙江	北京	江苏	河北	河南	福建	87.07
	6.67	2.07	1.66	1.59	1.58	1.13	1.08	0.85	0.85	0.43	
2006 年	广东	上海	黑龙江	浙江	山东	江苏	辽宁	福建	北京	湖南	86.40
	6.30	4.49	2.18	2.15	1.27	1.24	0.97	0.96	0.56	0.59	
2007 年	广东	上海	江苏	浙江	福建	四川	新疆	山东	黑龙江	甘肃	75.73
	11.41	5.23	5.19	4.03	3.68	2.91	2.11	1.89	1.79	1.54	
2008 年	广东	江苏	山东	北京	浙江	甘肃	上海	云南	湖南	黑龙江	77.18
	12.43	4.94	4.75	4.73	3.88	3.58	3.37	2.85	2.54	2.28	
2009 年	上海	湖南	广东	江苏	辽宁	山东	浙江	北京	福建	山西	76.06
	12.09	10.06	9.23	8.51	7.58	7.04	7.02	4.52	3.66	3.33	
2010 年	浙江	辽宁	山东	广东	上海	江苏	安徽	北京	四川	福建	78.15
	26.79	19.36	18.90	16.00	15.85	13.71	8.14	7.66	6.91	5.35	
2011 年	广东	山东	江苏	浙江	上海	海南	湖南	北京	辽宁	湖北	74.17
	36.33	24.73	22.54	18.53	18.38	12.20	11.76	11.75	11.44	7.09	

续表

年份	第一	第二	第三	第四	第五	第六	第七	第八	第九	第十	CR10
2012 年	广东	山东	上海	江苏	辽宁	浙江	北京	甘肃	云南	湖南	74.31
	52.88	34.56	33.16	31.30	27.63	23.60	16.89	13.82	10.40	9.95	
2013 年	广东	山东	北京	江苏	上海	浙江	辽宁	天津	福建	河北	73.82
	59.43	42.65	41.30	30.20	26.75	25.53	12.95	11.20	9.52	9.28	
2014 年	广东	北京	上海	天津	江苏	山东	浙江	辽宁	四川	云南	79.08
	108.97	72.74	49.92	41.46	40.70	39.16	38.62	14.79	13.82	12.62	
2015 年	上海	北京	广东	江苏	山东	浙江	福建	天津	辽宁	安徽	84.05
	231.83	122.80	122.63	72.50	71.10	71.08	27.57	25.27	21.22	20.67	

注：表 2 - 13 中省份名称下面的数据表示对应省份对外直接投资流量数据，最后一列的数据表示我国对外直接投资前十名省份对外直接投资流量之和占全国对外直接投资总量的份额。

资料来源：根据 2003 ~ 2015 年《中国对外直接投资统计公报》的相关数据整理和计算得到。

从表 2 - 13 还可以看出，2003 ~ 2015 年排名前十的省份对外直接投资流量之和占全国对外直接投资总量的份额也处于不断变化之中，但总体趋势是前十名省份的对外直接投资流量之和占全国份额不断下降，直至 2014 年才有上升。如 2003 年，我国排名前十名地区的对外直接投资流量之和占全国的份额高达 95.51%，我国其他 20 个省份只占不到 4.5% 的份额，这充分说明我国对外直接投资的地区不均衡性现象非常突出。2004 年，我国对外直接投资排名前十名的地区对外直接投资流量之和占全国的份额下降到 88.90%，2005 年和 2006 年又较 2004 年有小幅度的下降，分别为 87.07% 和 86.40%。2007 年较 2006 年相比又有较大幅度的下降，从 86.40% 下降到 75.73%，下降超过 10 个百分点。但 2008 年较 2007 年不仅没有下降，反而有小幅度的反弹，上升到 77.18%。2009 年虽然比 2008 年稍微下降，但依然高出 2007 年 0.33 个百分点。到 2010 年，又开始新的反弹，达到 78.15%。2011 年才在 2010 年的基础上，下降了大概 4 个百分点，为 74.17%，2011 年到 2013 年基本在 74% 左右，2014 年和 2015 年每年连续反弹约 5 个百分点。总体来看，虽然 2015 年与 2003 年相比，有较大幅度的下降，但从绝对值来看，即使 2013 年我国对外直接投资排名前十的地区所占全国的份额最低，但依然高达 73.82%，这说明从 2003～2015 年我国地区间对外直接投资的差异性特征有所缓解，但地区差异依然非常显著。

综上所述，我国地区间对外直接投资的差异性特征非常显著，主要集中于东部沿海地区，而中部地区和西部地区对外直接投资所占份额很低。从省市角度来看，北京市、上海市、广东省、浙江省、山东省、江苏省、辽宁省和湖南省等省市对外直接投资在全国占据绝对优势地位，而全国其他省份所占份额非常低。

2.7 小结

本章分别基于发展历程、国际地位、产业结构、区位结构、主体结构及地区差异特征等角度对我国对外直接投资的发展进行了分析。结果发现，与世界投资强国美国、日本、英国、法国及我国香港地区相比，我国的对外直接投资依然存在不小的差距。我国的对外直接投资主要集中于传统行业，在高科技行业的比重非常小。近年来，我国对外直接投资区位选择的多元化趋势在增强，但仍高度集中于诸如我国香港地区、英属维尔京群岛及开曼群岛等少数国家和地区。国有企业是我国对外直接投资最主要的投资主体，而以私营企业为代表的非公企业的对外直接投资份额非常少，这反映出我国对外直接投资的政府主导特征显著。我国对外直接投资的地区差异性非常显著，这种巨大的差异性对我国对外直接投资的可持续发展、中西部地区开放型经济体系的建设以及区域均衡发展提出了重要挑战。因此，加强对我国地区间对外直接投资的研究，显得尤为必要。

3　中国对外直接投资地区差异的统计分析

我国对外直接投资地区差异的测度是进一步分析我国对外直接投资影响因素及溢出效应的基础，对于把握我国对外直接投资地区差异的客观状态具有重要的意义。对我国对外直接投资地区差异的分析，包括静态分析和动态分析两种方式。静态分析是指在某一时点客观地刻画差异性的程度，而动态分析则强调了历史趋势，主要指差异性变动的变化规律及发展趋势。本章通过借鉴前人的研究成果，构建出评价我国对外直接投资地区差异的指标体系，基于静态的视角测度、评价和比较我国对外直接投资的地区差异性。

3.1　区域划分及统计指标的选取

我国大陆共包含31个省、自治区、直辖市。由于西藏自治区对外直接投资的量非常小，不具有明显的统计意义，因此本书对东部、中部和西部地区的划分剔除了西藏自治区。本书关于东部地区、中部地区及西部地区的划分与通常意义上的划分标准一致。

综观现有研究发现，关于地区差异的统计指标比较多，但目前学术界关于地区差异统计指标的选取并无统一的标准。有的从绝对量的角度来测度，有的是从相对量的视角来切入；还有的采用单一指标来衡量，也有的采用指标体系来测量。考虑到现有主流研究的优劣，并结合本书的研究目的，借鉴刘志彪（2003），沙安文、沈春丽、邹恒甫（2006），胡鞍钢（2008），魏浩（2008、2010）等学者研究地区差异问题时所构建的指标体系，并遵循科学性、全面性及可操作性的原则，既要从总量上进行分析，又要从相对量进行排序。因此，本书选用地区份额、赫希曼－赫芬达尔指数、多样性指数、均匀度指数、极商指数、总体差异指标、基尼系数、Theil 指数及区位熵等指标体系，对我国对外直接投资的地区差异进行全面而系统的统计分析。

3.2　中国对外直接投资地区差异的测度和比较

3.2.1　中国地区间对外直接投资流量份额的比较

对外直接投资地区份额是研究差异性问题最常用、最直观的衡量指标，可以表示为下式：

$$S_i = OFDI_i \bigg/ \sum_{i=1}^{N} OFDI_i \qquad (3.1)$$

在 3.1 式中，S_i 表示 i 地区对外直接投资占全国对外直接投资的份额，$OFDI_i$ 表示 i 地区的对外直接投资额，$\sum_{i=1}^{N} OFDI_i$ 表示全国对外直接投资总量。

1. 东部各省份对外直接投资流量份额

表 3 - 1 是 2003～2014 年东部各省份对外直接投资流量占全国份额。从表 3 - 1 可以看出，在东部 11 省份中，对外直接投资处于领先地位的是广东省、上海市、北京市和山东省。尤其是广东省，2003 年的对外直接投资占全国的份额高达 37.81%，之后虽然总体趋于下降的态

势，但到 2014 年，依然达到 19.94% 的高水平。其次是上海市，上海市在 2003 ~ 2007 年所占的份额也处于非常高的水平，如 2003 年达到 24.82%，占了全国近 1/4 的份额，其后虽然逐步降低，但到 2007 年依然达到 13.91%。北京市在 2003 ~ 2005 年的份额也超过 10%。紧接其后的分别为福建省、浙江省、江苏省、辽宁省和河北省，而所占份额落后的地区为天津市和海南省。

表 3 - 1 2003 ~ 2014 年东部 11 省份对外直接投资（流量）占全国份额

单位：%

年份	2003	2004	2005	2006	2007	2008	2009	2010	2011	2012	2013	2014
东部	91.49	89.57	87.64	86.05	82.04	77.59	74.81	78.56	72.12	66.67	76.12	80.15
北京	11.99	10.77	10.38	6.93	7.32	9.12	9.49	8.33	4.99	4.61	11.35	13.31
天津	0.15	0.33	0.66	1.20	1.16	1.17	1.47	1.68	1.73	1.84	3.08	7.59
河北	0.87	2.64	2.84	2.47	1.76	1.90	2.24	2.39	1.97	1.58	2.55	2.23
辽宁	0.73	1.19	0.89	2.11	2.04	2.20	3.77	5.90	4.85	7.54	3.56	2.71
山东	8.17	7.49	7.34	8.33	7.42	7.56	6.62	8.59	10.50	9.43	11.72	7.17
江苏	1.64	4.20	4.24	4.44	5.36	6.27	6.31	6.74	9.57	8.54	8.30	7.45
上海	24.82	22.28	19.97	19.97	13.91	7.94	9.06	10.56	7.80	9.05	7.35	9.14
浙江	1.80	2.99	4.42	5.30	5.35	5.62	7.47	10.23	7.86	6.44	7.01	7.07
福建	3.36	2.95	2.26	3.95	4.21	4.11	4.01	3.41	2.25	2.34	2.62	1.92
广东	37.81	34.55	34.51	31.50	33.31	31.54	24.09	20.15	15.42	14.43	16.33	19.94
海南	0.15	0.18	0.13	0.10	0.20	0.16	0.28	0.58	5.18	0.87	2.25	1.62

资料来源：根据 2003 ~ 2014 年《中国对外直接投资统计公报》的相关数据计算得到。

从对外直接投资份额的发展趋势来看，广东省、上海市、北京市的份额总体处于逐渐下降的态势，尤其是广东省下降得最为明显，2003 年广东省占全国份额高达 37.81%，但到 2009 年便跌至 25% 以下，到 2014 年更跌至 19.94%，2014 年与 2003 年相比，下跌了近 18 个百分点。上海市也由 2003 年的 24.82% 逐步下降到 2014 年的 9.14%。而诸如浙江省、江苏省和辽宁省所占的份额则不降反升，如浙江省 2003 年的份额只有 1.8%，到 2014 年已上升至 7.07%，江苏省由 1.64% 上升到 7.45%，辽宁省则由 0.73% 上升至 2.71%。

2. 中部各省份对外直接投资流量份额

表 3 - 2 为 2003~2014 年中部 9 省份对外直接投资流量占全国份额。从表 3 - 2 可以看出，中部 9 省份对外直接投资与东部地区相比存在非常大的差距，中部 9 省份中多数地区对外直接投资占全国的份额非常低。

表 3 - 2　2003~2014 年中部 9 省份对外直接投资（流量）占全国份额

单位：%

年份	2003	2004	2005	2006	2007	2008	2009	2010	2011	2012	2013	2014
中部	5.38	5.72	8.52	10.07	9.69	11.31	14.73	10.00	15.45	13.02	15.03	10.12
山西	1.34	0.82	0.96	1.41	1.25	0.66	1.35	1.10	0.78	0.85	1.55	0.56
内蒙古	0.20	0.22	0.45	0.67	0.64	0.74	1.01	0.82	0.54	1.41	1.12	2.03
吉林	0.99	1.03	0.86	0.81	0.99	1.38	1.78	1.56	0.87	0.81	2.07	0.61
黑龙江	1.52	2.01	3.54	4.54	3.27	3.61	2.68	2.22	1.01	1.98	2.12	1.20
安徽	0.39	0.34	0.45	0.76	0.71	0.74	0.70	1.92	2.25	1.94	2.50	0.70
江西	0.11	0.09	0.10	0.15	0.25	0.33	0.33	0.38	0.80	1.02	1.05	1.35
河南	0.41	0.87	1.91	0.65	1.00	1.20	1.46	1.22	1.20	0.93	1.62	1.00
湖北	0.31	0.23	0.25	0.30	0.23	0.25	0.25	0.31	3.01	1.36	1.43	1.23
湖南	0.11	0.11	0.38	0.78	1.35	2.45	5.17	0.47	4.99	2.72	1.57	1.44

资料来源：根据 2003~2014 年《中国对外直接投资统计公报》的相关数据计算得到。

就中部 9 省份的内部比较而言，黑龙江省、山西省、吉林省、湖南省及河南省在中部 9 省份中排名靠前。黑龙江省自 2003 年起其对外直接投资占全国份额就一直保持在 1% 以上，2006 年达到其最高点 4.54%，2014 年也占到 1.2%。山西省除了个别年份外，也多在 1% 以上。吉林省部分年份超过 1%，部分年份虽不到 1%，但也在 1% 左右小幅度波动。湖南省的波动幅度较大，部分年份低至 0.11%，但 2009 年高达 5.17%，2011 年虽较 2009 年有所降低，但也达到 4.99%，但 2014 年又下降至 1.44%。其他省份如内蒙古自治区、江西省、湖北省的对外直接投资份额均较低。其中，湖北省 2003～2010 年的份额均较低，但 2011 年急剧上升到 3.01%，之后到 2014 年又降至 1.23%。安徽省与湖北省类似，其他年份也比较低，2010 年和 2011 年分别增长至 1.92% 和 2.25%，但 2014 年又降至 0.7%。

从中部 9 省份对外直接投资占全国份额的变化趋势来看，山西省自 2003 年起所占份额一直在小幅度波动，没有呈现明显的上升或下降趋势。内蒙古自治区自 2003～2009 年总体呈现小幅上升的发展态势，但 2010 年和 2011 年又开始下降，2012～2014 年又有不同程度的上升。吉林省、安徽省、江西省、河南省、湖南省总体均呈现小幅上升的发展态势。

3. 西部各省份对外直接投资流量份额

表 3－3 为 2003～2014 年西部 10 省份对外直接投资流量占全国份额。从表 3－3 可以看出，与中部 9 省份对外直接投资占全国份额类似，西部 10 省份对外直接投资占全国的份额也非常低，与东部地区相比存在非常大的差异。

表 3－3　2003～2014 年西部 10 省份对外直接投资（流量）占全国份额

单位：%

年份	2003	2004	2005	2006	2007	2008	2009	2010	2011	2012	2013	2014
西部	3.13	4.71	3.84	3.88	8.27	11.10	10.46	11.44	12.43	13.53	8.88	9.73
陕西	0.16	0.13	0.15	0.22	0.26	0.70	1.05	1.21	1.90	1.66	0.85	0.76
甘肃	0.39	0.31	0.65	0.62	1.13	2.15	1.54	1.23	2.76	3.77	1.19	0.50
青海	0.03	0.03	0.02	0.02	0.02	0.02	0.02	0.02	0.01	0.04	0.10	0.03
广西	0.64	0.56	0.57	0.33	0.44	0.50	0.76	0.91	0.71	0.74	0.22	0.42
宁夏	0.03	0.02	0.13	0.22	0.12	0.14	0.10	0.08	0.05	0.18	0.24	0.62
新疆	0.87	1.08	1.20	1.10	2.30	3.01	2.44	2.07	1.75	1.18	0.87	1.00
四川	0.55	0.44	0.95	1.08	2.00	1.44	1.35	2.17	2.39	1.62	1.61	2.53
重庆	0.12	1.85	0.68	0.56	0.74	1.01	0.77	1.14	1.70	1.45	0.95	1.40
贵州	0.03	0.03	0.02	0.02	0.02	0.07	0.06	0.04	0.09	0.06	0.57	0.16
云南	0.32	0.26	0.58	0.78	1.20	2.07	2.39	2.69	1.05	2.84	2.28	2.31

资料来源：根据 2003～2014 年《中国对外直接投资统计公报》的相关数据计算得到。

西部 10 省份中自 2003 年起多数年份份额超过 1% 的只有新疆自治区，新疆自治区除了 2003 年低于 1% 之外，其他年份均等于或超过 1%，并且在 2008 年达到其最高值 3.01%。其次分别为四川省、甘肃省、云南省、陕西省和重庆市，这几个省份的对外直接投资份额均在近年才微弱超过 1%，如四川省从 2006 年开始超过 1%，甘肃省和云南省均自 2007 年开始超过 1%，陕西省也只从 2009 年开始才超过 1%，重庆市更是在 2008 年才超过 1%。其他省份如青海省、广西自治区、宁夏自治区、贵州省的对外直接投资占全国份额均低于 1%。尤其是青海省和贵州省，自 2003 年以来的多数年份均低于 0.1% 的超低水平。这表明西部地区对外直接投资的规模非常小，各省份的对外直接投资在全国的地位非常弱。

4. 各地区对外直接投资存量份额的比较

流量份额可以反映具体时点对外直接投资的差异，但存量份额能体现出对外直接投资的累积效应。因此，本书将 2003 年和 2014 年两个年度我国 30 个省份对外直接投资存量份额进行比较，如表 3 - 4 所示。

从表 3 - 4 可以看出，截止到 2003 年，对外直接投资存量份额排名第一的省份是广东省，其存量份额超过全国对外直接投资的 1/3 强，达到 38.31%。排在第二位和第三位的依次是上海市和北京市，其中上海市高达 25.14%，约占全国对外直接投资的 1/4，第三位的北京市虽然只有上海市的一半，但也达到 12.15%。排在第四位的山东省为 8.28%，但排在第五位的福建省与山东省相比迅速下降到 3.41%，第六位的浙江省为 1.82%，第七至第十位的份额也均稍微超过 1%。其他 20 个省份对外直接投资存量的份额均在 1% 以下，尤其是排名第 15 位以后的均低于 0.5%。这充分说明了截止到 2003 年，我国地区间对外直接投资存量的差异性非常显著，对外直接投资主要集中于少数几个对外直接投资大省（市），而其他大多数省份的对外直接投资存量所占的份额非常低。

截止到 2014 年，我国地区间对外直接投资存量的差异性表现出一些新的特点。第一，2014 年我国对外直接投资存量份额前三名与 2003

年相比虽有所变化，但变化不大，2003 年的前三名分别为广东省、上海市和北京市，而 2014 年广东省、北京市和上海市位居前三名，上海市从 2003 年的第二名变为 2014 年的第三名，2011 年的前三名分别为山东省、浙江省和上海市。第二，2011 年我国对外直接投资存量前三名的份额之和与 2003 年相比有较大幅度的下降。2003 年我国对外直接投资存量份额前三名之和高达 75.6%，2014 年则大幅度降低为 43.83%。第三，2014 存量份额在 1% 以下的地区有 7 个，而 2003 年却有 20 个之多。因此，总体来看，2014 年我国地区间对外直接投资存量份额的差距与 2003 年相比有较大幅度的缩小。

表 3 - 4　2003 年和 2014 年中国 30 个省份对外直接投资存量份额及排名

单位：%

2003 年						2014 年					
省份	份额	排名	省份	份额	排名	省份	份额	排名	省份	份额	排名
广东	38.31	1	安徽	0.40	16	广东	20.74	1	四川	1.51	16
上海	25.14	2	甘肃	0.39	17	北京	12.19	2	甘肃	1.37	17
北京	12.15	3	云南	0.32	18	上海	10.90	3	重庆	1.14	18
山东	8.28	4	湖北	0.31	19	山东	8.43	4	河南	1.07	19
福建	3.41	5	湖南	0.25	20	江苏	6.68	5	陕西	1.05	20
浙江	1.82	6	陕西	0.24	21	浙江	6.58	6	吉林	1.04	21
江苏	1.66	7	内蒙古	0.20	22	辽宁	3.96	7	新疆	1.04	22
黑龙江	1.54	8	海南	0.16	23	天津	3.95	8	内蒙古	1.02	23
山西	1.46	9	天津	0.15	24	湖南	2.36	9	湖北	0.98	24
吉林	1.01	10	江西	0.13	25	云南	2.2	10	江西	0.86	25
新疆	0.88	11	重庆	0.12	26	福建	2.08	11	山西	0.73	26
辽宁	0.74	12	河北	0.09	27	河北	1.94	12	广西	0.63	27
广西	0.65	13	贵州	0.05	28	安徽	1.83	13	宁夏	0.21	28
四川	0.55	14	青海	0.03	29	黑龙江	1.72	14	贵州	0.15	29
河南	0.41	15	宁夏	0.01	30	海南	1.61	15	青海	0.04	30

资料来源：根据 2003 年和 2014 年《中国对外直接投资统计公报》的相关数据计算得到。

2003 年与 2014 年各省份对外直接投资存量份额排名也呈现一些新的特点。总体来看，排名变化可分为三大类型。第一类为排名大幅上升型：这些省份分别为辽宁省、湖南省、浙江省、海南省和河北省。其中，辽宁省由第 12 名上升为第 7 名，湖南省、河北省及海南省分别由第 20 名、第 27 名及第 23 名上升为第 9 名、第 12 名及第 15 名。第二类为排名大幅下降型，这些省份主要有：山西省、吉林省、河南省、广西及黑龙江省。如山西省由第 9 名下降为第 26 名，吉林省由第 10 名下降为第 21 名，河南由第 15 名下降为第 19 名，广西自治区也由第 13 名下降为第 27 名，黑龙江则由第 8 名下降为第 14 名。第三类为排名变化不大型：这些省份分别为广东省、山东省、浙江省、北京市、内蒙古、江苏省、四川省、陕西省、安徽省、江西省、甘肃省、青海省及宁夏自治区。这些省份名次的变化多上下浮动 4 名左右，说明这些省份对外直接投资近年来的发展速度基本与我国对外直接投资的整体发展速度相当，保持了比较稳定的发展。

由此可以看出，2014 年我国地区间对外直接投资差异性的特征是：我国对外直接投资依然高度集中于东部沿海地区，中部、西部地区的对外直接投资份额非常低。从省份角度来看，我国的对外直接投资主要集中于山东省、浙江省、上海市、北京市、江苏省、辽宁省等沿海省份，而位居中西部地区的青海、贵州、宁夏、江西、内蒙古、广西及山西的对外直接投资份额非常低。

3.2.2 赫希曼－赫芬达尔指数

赫希曼－赫芬达尔指数（Herfindahl－Hirschman Index，简称 HHI 指数）最早用于分析市场结构的集中程度及垄断程度，由行业中各个企业所占份额的平方加总得到（刘志彪，2003）。后来，魏浩（2010）等学者将此指标拓展到分析我国出口商品的地区结构，取得了较好的效果。为此，借鉴刘志彪（2003）、魏浩（2010）等学者的做法，将赫希曼－赫芬达尔指数应用于分析我国地区间对外直接投资的集中程度及差异性，赫希曼－赫芬达尔指数可以用公式表示为：

$$HHI = s_1^2 + s_2^2 + \cdots + s_N^2 = \sum_{i=1}^{N} s_i^2 \qquad (3.2)$$

在式 3.2 中，HHI 表示赫希曼－赫芬达尔指数，s_i 表示 i 地区对外直接投资占全国的份额，N 表示全国省份数。HHI 指数的取值范围在 $0 \sim 1$。HHI 指数越趋近于 1，表示集中度越高；HHI 指数等于 1，表示处于完全的垄断状态，即只有一个省份对外直接投资；HHI 指数越小，表示集中度越低，或者说各个省份的对外直接投资越平均。图 3 - 1 和表 3 - 5 显示了中国地区间对外直接投资集中度指数的变动趋势。

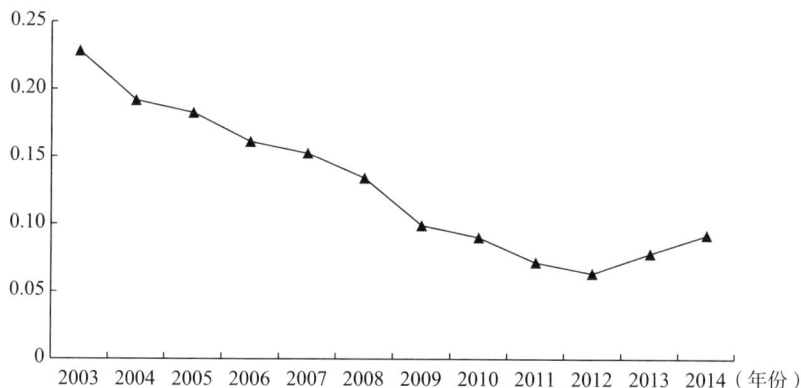

图 3 - 1　中国地区间对外直接投资赫希曼－赫芬达尔指数的变化趋势
资料来源：根据 2003 ~ 2014 年《中国对外直接投资统计公报》的相关数据计算得到。

从图 3 - 1 和表 3 - 5 可以看出，2003 年我国地区间对外直接投资的 HHI 指数为 0.2282，表明我国地区间对外直接投资存在较高程度的集中。自 2003 年起，HHI 指数呈现逐步降低的发展趋势，到 2014 年，我国地区间对外直接投资的 HHI 指数降低为 0.0921。与 2003 年相比，2011 年 HHI 指数的下降幅度比较大。根据 HHI 指数下降的含义，这说明随着我国对外直接投资的快速发展，中西部地区开始逐渐重视"走出去"战略的实施，与东部发达地区对外直接投资的差距在逐步缩小。

3.2.3 多样性指数

多样性指数[1]（Shannon – weaver Index，简称 H 指数）是景观生态学景观指数中最具代表性的指数之一。景观指数是关于景观结构高度浓缩的景观格局信息，采用定量分析的方式对景观单元即景观群落的类型、数目及其空间与配置进行分析（魏浩，2010）。结合本书研究的需要，H 指数可以表示为：

$$H = - \sum_{i=1}^{N} s_i \log_2 s_i \qquad (3.3)$$

在式 3.3 中，s_i 表示 i 地区的对外直接投资占全国对外直接投资的份额，N 表示全国对外直接投资的地区数，当剔除西藏时，中国大陆的地区数为 30。因此，就本书的研究而言，$N = 30$。根据该指数的含义，当我国对外直接投资的地区数一定时，多样性指数变大，代表各地区对外直接投资份额的差异性越来越小；相反，多样性指数变小，代表各地区对外直接投资份额的差异性在逐步扩大。图 3 – 2 和表 3 – 5 是 2003 ~ 2014 年中国地区间对外直接投资多样性指数的变化趋势。

从图 3 – 2 和表 3 – 5 可以看出，我国地区间对外直接投资的多样性指数在 2003 年为 2.8097，之后几乎逐年上升，到 2014 年上升到 3.9851。与 2003 年相比，2011 年的多样性指标有了较大幅度的上升。根据多样性指数逐年上升代表在地区数一定的情况下，地区间对外直接投资份额的差异性在逐步缩小，这表明自 2003 年以来我国地区间对外直接投资的差异性在逐步缩小。

---

① 多样性指数本来是景观生态学中常用的测度景观格局信息的重要指标，但近年来被国内一些学者如魏浩等用于对地区经济差异的研究，并取得了较好的效果。因此，本书借鉴前人的研究方法，将多样性指数用于对我国地区间对外直接投资差异的测度。

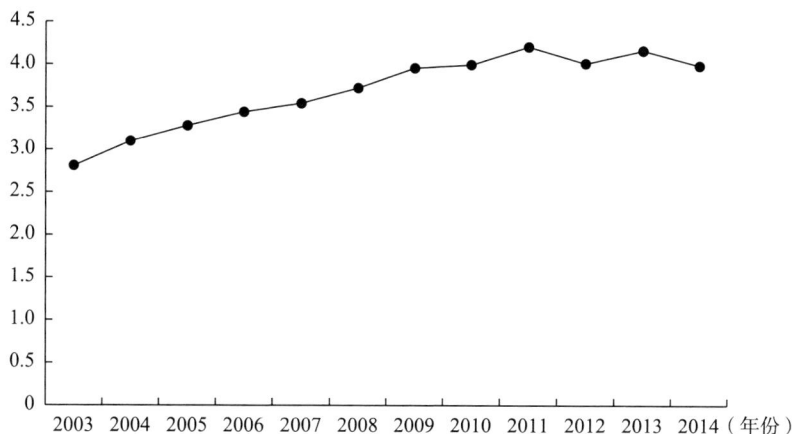

图 3 - 2　中国地区间对外直接投资多样性指数的变化趋势
资料来源：根据 2003 ~ 2014 年《中国对外直接投资统计公报》的相关数据计算得到。

3.2.4　均匀度指数

均匀度指数（Evenness Index，简称 E 指数）也是用来描述景观中不同单元分布均匀程度的指标，常用多样性指标与其最大值的比值来表示。结合本书研究的需要，可以用公式表示为：

$$E = \frac{H}{H_{\max}} \tag{3.4}$$

式 3.4 中的 E 表示均匀度指数，H 是计算出的实际多样性指数，$H_{\max}$ 是多样性指标的最大值，即最大均匀性条件下的多样性指标。$H_{\max}$ 的具体含义是：如果一个景观由 n 个单元组成，则最大化均匀性条件就是每种生态类型所占的面积份额均为 $1/n$，也就是 p_i 为 $1/n$，代入多样性公式中计算便可得出最大均匀性条件下的多样性指数 $H_{\max} = \log_2 n$。均匀度指数的取值范围为 0 ~ 1。均匀度指数越趋近于 0，则分布越不均匀；越趋近于 1，表示分布越均匀（魏浩，2010）。

本书借鉴该指数，将其运用到测度我国地区间对外直接投资的差异性。由于本书研究对象是我国大陆 30 个省份，因此，本书的 $H_{\max} = \log_2 30$。在我国对外直接投资地区个数一定的情况下，如果均匀度指数变大，表明

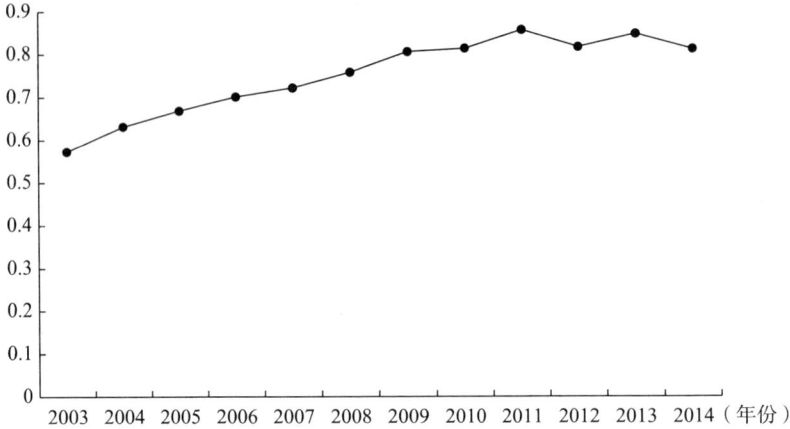

图 3 - 3 中国地区间对外直接投资均匀度指数的变动趋势

资料来源：根据 2003 ~ 2014 年《中国对外直接投资统计公报》的相关数据计算后绘制。

我国地区间对外直接投资的份额差距在不断缩小；反之，均匀度指数变小，则表明我国对外直接投资地区之间份额的差距越来越大。图 3 - 3 及表 3 - 5 显示了 2003 ~ 2014 年中国地区间对外直接投资均匀度指数的变动趋势。

从图 3 - 3 和表 3 - 5 可以看出，我国地区间对外直接投资的均匀度指数在 2003 年为 0.5726，之后基本逐年上升，到 2014 年上升到 0.8122。根据均匀度指数升高所代表的含义，这表明我国地区间对外直接投资差异性自 2003 年以来在逐年缩小。这个结论与赫希曼－赫芬达尔指数和多样性指数得出的结论一致。因此，综合赫希曼－赫芬达尔指数、多样性指数及均匀度指数的测量结果可以得出：虽然我国地区间对外直接投资的差异性非常大，但近年来我国地区间对外直接投资的差异性有所降低。

表 3 - 5 中国地区间对外直接投资的 HHI 指数、H 指数及 E 指数

指数	2003 年	2004 年	2005 年	2006 年	2007 年	2008 年	2009 年	2010 年	2011 年	2012 年	2013 年	2014 年
HHI	0.2282	0.1918	0.1826	0.1613	0.1525	0.1342	0.0990	0.0902	0.0718	0.0638	0.0784	0.0921
H	2.8097	3.0987	3.2812	3.4423	3.5438	3.7220	3.9563	3.9932	4.2048	4.0093	4.1605	3.9851
E	0.5726	0.6315	0.6687	0.7015	0.7222	0.7585	0.8063	0.8138	0.8569	0.8171	0.8479	0.8122

资料来源：根据 2003 ~ 2014 年《中国对外直接投资统计公报》的相关数据计算得到。

3.2.5　极商指数

极商 $X_{\mathrm{max/min}}$ 是衡量地区间对外直接投资差异性的一个非常直观的指标，它可以反映地区差异的极端特殊情况。极商 $X_{\mathrm{max/min}}$ 指数可以用公式表示：

$$X_{\mathrm{max/min}} = \frac{X_{\mathrm{max}}}{X_{\mathrm{min}}} \qquad\qquad (3.5)$$

在式 3.5 中，$X_{\mathrm{max/min}}$ 表示地区间对外直接投资的极商指数；X_{max} 表示各地区对外直接投资的最大值；X_{min} 表示各地区对外直接投资的最小值。表 3 - 6 显示了 2003～2014 年中国地区间对外直接投资的极商指数。

从表 3 - 6 可以看出，我国地区间对外直接投资的极商指数非常大，2003 年为 1414.10，这表明 2003 年我国对外直接投资流量规模最大的省份是规模最小省份的 1414.10 倍，地区间对外直接投资的差距非常大，地区发展非常不均衡。极商指数最高的年份为 2007 年，2007 年的极商指数高达 7243.10，这表明 2007 年我国对外直接投资规模最大的省份是规模最小的省份的 7243.10 倍。从极商指数的变化趋势来看，2003～2007 年，我国地区间对外直接投资的极商指数呈现急剧上升的发展趋势，尤其是 2007 年在 2006 年的基础上，飞跃至 7243.10。2008 年又在 2007 年的基础上下降到 5713.90，然后逐步又上升至 2010 年的 6460.84，但 2011 年急剧下降到 2100.29，2014 年又下降到 680.1。

虽然极商指数反映的是对外直接投资规模最大地区与规模最小地区的差异，反映的是一种极端的状况，不具有差异性研究的普遍性和代表性，但也可以从一个侧面反映出我国地区间对外直接投资的差异非常显著。

3.2.6　总体差异分析指标：标准差指数和变异指数

总体差异可以分为绝对差异和相对差异。绝对差异是指差异的总体水平绝对数量上的非均等化现象，反映的是经济发展中量的差异（魏浩，2008）。目前常用来测度绝对差异的是标准差指数，可以表示为：

$$S = \sqrt{\sum_{i=1}^{N} \left(X_i - \frac{1}{N} \sum_{i=1}^{n} X_i \right)^2 \bigg/ N} \tag{3.6}$$

在式 3.6 中，S 表示绝对差异；N 表示全国的总地区数；X_i 表示 i 地区的对外直接投资额；$\frac{1}{N} \sum_{i=1}^{n} X_i$ 表示全国各省份平均对外直接投资额。

相对差异是指地区间经济发展变化速度的差异，反映的是发展中的速度差异（魏浩，2008）。目前常用来衡量相对差异的指标是变异指数，可以表示为：

$$V = S \bigg/ \frac{1}{N} \sum_{i=1}^{n} OFDI_i \tag{3.7}$$

在式 3.7 中，V 表示相对差异；S 表示绝对差异，即标准差指数；N 表示全国的省份数。

表 3 - 6 显示了中国地区间对外直接投资的 S 指数和 V 指数。从表 3 - 6 可以看出，我国地区间对外直接投资的绝对差异 S 指数 2003 ~ 2010 年基本一直处于不断扩大的发展态势，如 2003 年的绝对差异为 3.01 亿美元，之后便逐年扩大，到 2010 年已扩大到 25.09 亿美元，这说明 2003 ~ 2010 年我国地区间对外直接投资的绝对差异在逐步扩大。但到 2014 年，绝对差异 S 指数在 2010 年 25.09 亿美元的基础上下降到 24.59 亿美元。总体来看，近年来，我国地区间对外直接投资的绝对差距处于不断扩大的发展态势。

与绝对差异的变化趋势有所不同，我国地区间对外直接投资的相对差异 V 指数自 2003 年以来基本一直处于不断缩小的发展趋势。如 2003 年的相对差异 V 指数为 2.42，之后便逐步降低，到 2012 年降低至 1.04，后又在 2014 年回调到 1.35 的水平。这说明自 2003 年以来，虽然我国地区间对外直接投资的绝对差异整体处于不断扩大的态势，但相对差异在逐步减少。

3.2.7 基尼系数

基尼系数（Gini 系数)[①] 是经济学中度量收入差距最流行的统计指标之一，由于具有较强的解释能力而备受学者们关注。结合本书研究的需要，基尼系数可以表示为：

$$Gini = \frac{N+1}{N} - \frac{2}{N^2 \left(\frac{1}{N} \sum_{i=1}^{n} OFDI_i \right)} \sum_{i=1}^{N} (N+1-i) OFDI_i \qquad (3.8)$$

表 3-6 显示了 2003～2014 年中国地区间对外直接投资差异的 Gini 系数。

表 3-6 2003～2014 年中国地区间对外直接投资的极商指数、
S 指数、V 指数及 Gini 系数

指标	2003 年	2004 年	2005 年	2006 年	2007 年	2008 年	2009 年	2010 年	2011 年	2012 年	2013 年	2014 年
极商	1414.10	1509.30	1987.80	2608.20	7243.10	5713.90	6279.80	6460.84	2100.29	413.10	165.30	680.10
S	3.01	4.73	6.47	8.59	13.71	15.96	18.54	25.09	8.43	12.70	14.35	24.59
V	2.42	2.18	2.08	1.92	1.89	1.74	1.40	1.30	1.07	1.04	1.18	1.35
Gini	0.81	0.77	0.75	0.72	0.69	0.64	0.60	0.48	0.42	0.53	0.54	0.59

注：S 指数的单位为亿美元，其他指数为无量纲指数。

资料来源：根据 2003～2014 年《中国对外直接投资统计公报》的相关数据计算得到。

从表 3-6 可以看出，我国地区间对外直接投资差异的 Gini 系数处于

[①] 基尼系数是研究收入差距的最流行、最重要的指标之一。联合国有关组织对基尼系数用于测度收入差距的标准进行了设定：当基尼系数低于 0.2 时，表明收入分配处于平均的状态；为 0.2～0.3 时，表明收入比较平均；为 0.3～0.4 时，表明处于相对合理的状态；为 0.4～0.5 时，表明差距较大；高于 0.5 时，表明收入悬殊。另外，在分析收入差距时，0.4 是个警戒值。本书将基尼系数用于分析我国地区间对外直接投资的差异，由于本书研究的问题不是收入差异，因此，衡量地区间对外直接投资差异的标准不能完全套用分析收入差距的标准，但由于基尼系数的大小变化可以明确地体现出差异的扩大或缩小趋势，因此，依然可以利用基尼系数的大小及变化趋势衡量我国地区间对外直接投资的差异程度及变化趋势。

较高的水平,如 2003 年的 Gini 系数高达 0.81,2004 年虽有所降低,但依然达到 0.77,直至 2009 年依然达到 0.60,到 2010 年才下降到 0.5 以下,为 0.46,2011 年又继续下降到 0.42。因此,从 Gini 系数的变化趋势来看,2003~2011 年,我国地区间对外直接投资的 Gini 系数处于逐年下降的发展趋势,从 2003 年的 0.81 逐年下降到 2011 年的 0.42。到 2014 年,又持续上升到 0.59,但从 Gini 系数的数值来看,虽然近年来我国地区间对外直接投资的差异性在逐渐缩小,但依然存在较大的差异。

3.2.8 Theil 指数

Theil 指数最早用于研究收入差距,后来被广泛应用于研究地区差异,其优点是能把总体差异分解为组间差异和组内差异。Theil 指数可以表示为:

$$Theil = \frac{1}{N} \sum_{i=1}^{N} Log \frac{\frac{1}{N} \sum_{i=1}^{N} OFDI_i}{OFDI_i} \tag{3.9}$$

在式 3.9 中,$Theil$ 表示 Theil 指数,N 表示全国的省份数,$OFDI_i$ 表示 i 地区的对外直接投资。

Theil 指数的分解公式为:

$$Theil = \sum_{g=1}^{G} \frac{N_g}{N} T_g + \sum_{g=1}^{G} \frac{N_g}{N} Log \frac{N_g/N}{OFDI_g \Big/ \sum_{i=1}^{n} OFDI_i} \tag{3.10}$$

式 3.10 中的第一项表示组内差异,第二项表示组间差异。其中,g 代表第 g 组经济区,G 表示全国经济区域总数,T_g 表示第 g 组的组内差异,N_g 表示第 g 组的省份数,N 表示全国的省份总数,$OFDI_g$ 表示第 g 组经济区的对外直接投资额,$\sum_{i=1}^{n} OFDI_i$ 表示全国对外直接投资总额。

1. 三大区域内部差异的 Theil 指数

表 3-7 和图 3-4 是 2003~2014 年中国东部、中部、西部地区各

自内部对外直接投资的 Theil 指数。

表 3 - 7 中国东部、中部、西部地区各自内部对外直接投资的 Theil 指数

地区	2003 年	2004 年	2005 年	2006 年	2007 年	2008 年	2009 年	2010 年	2011 年	2012 年	2013 年	2014 年
东部	0.61	0.47	0.39	0.27	0.26	0.23	0.11	0.16	0.15	0.31	0.22	0.29
中部	0.18	0.20	0.22	0.18	0.13	0.15	0.16	0.09	0.12	0.08	0.04	0.08
西部	0.35	0.47	0.35	0.34	0.48	0.43	0.42	0.45	0.44	0.74	0.35	0.53

资料来源：根据 2003～2014 年《中国对外直接投资统计公报》的相关数据计算得到。

从表 3 - 7 和图 3 - 4 可以看出，自 2003 年以来，东部地区和中部地区对外直接投资的内部 Theil 指数总体上呈现逐渐减小的趋势，这说明东部地区和中部地区对外直接投资的内部差异在逐渐缩小。其中，东部地区内部 Theil 指数的降低幅度最大，从 2003 年的 0.61 降低到 2009 年的 0.11，之后又有所扩大，到 2014 年扩大到 0.29。中部地区总体虽然也呈现降低的态势，但降低的幅度较小，从 2003 年的 0.18 降低到 2010 年的 0.09，之后 2011 年虽略有上升，但到 2014 年仍降为 0.08。西部地区内部 Theil 指数的变化没有体现出降低或上升的整体变化趋势，而是在 0.34～0.74 之间不断盘整波动，但整体上呈现有所扩大的发展态势。

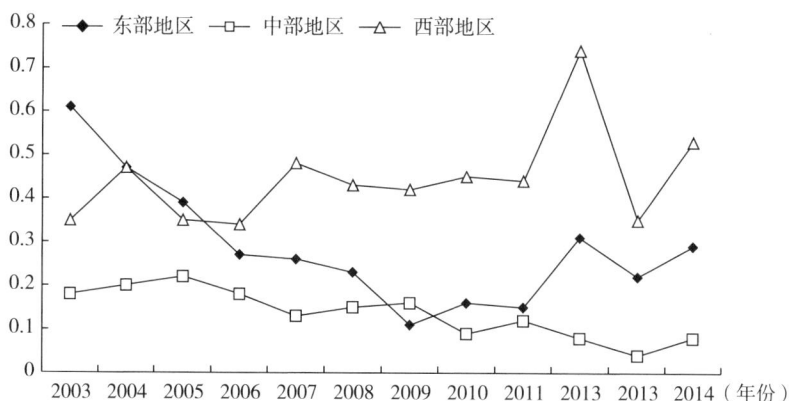

图 3 - 4 中国三大地区各自内部对外直接投资 Theil 指数变化趋势

资料来源：根据 2003～2014 年《中国对外直接投资统计公报》的相关数据计算得到。

在三大区域，西部地区的 Theil 指数最大，这说明西部地区对外直接投资的内部差异最大，其次是东部地区。中部地区的组内 Theil 指数最小，说明中部地区对外直接投资的内部差异在三大区域中最小。

2. 三大区域组内差异和组间差异的 Theil 指数分析

地区差异的 Theil 指数可以分解为组内差异和组间差异。同样，我国地区间对外直接投资的差异既包括三大区域的组内差异，还包括三大区域的组间差异。表 3 - 8 和图 3 - 5 是 2003 ～ 2014 年我国三大区域对外直接投资分布的组内差异与组间差异。

表 3 - 8　中国地区间对外直接投资组内差异与组间差异的 Theil 指数及贡献率

指数	年份	2003	2004	2005	2006	2007	2008	2009	2010	2011	2012	2013	2014
Theil 指数		0.80	0.73	0.60	0.53	0.50	0.43	0.37	0.40	0.39	0.65	0.59	0.76
组内差异	数值	0.40	0.39	0.32	0.26	0.29	0.27	0.22	0.23	0.21	0.38	0.21	0.31
组间差异		0.40	0.34	0.28	0.27	0.21	0.16	0.15	0.17	0.18	0.27	0.38	0.45
组内差异	贡献率（%）	50.00	53.42	53.33	49.06	58.00	62.79	59.46	57.50	53.50	58.46	35.59	40.79
组间差异		50.00	46.58	46.67	50.94	42.00	37.21	40.54	42.50	46.15	41.54	64.41	59.21

资料来源：根据 2003 ～ 2014 年《中国对外直接投资统计公报》的相关数据计算得到。

从表 3 - 8 和图 3 - 5 可以看出，2003 ～ 2009 年，全国层面的 Theil 指数呈现逐步下降的发展态势；2010 ～ 2014 年，虽有上下波动，但整体表现出逐步上升的发展趋势；全国层面的对外直接投资的 Theil 指数从 2003 年的最高值 0.80 降低到 2009 年的最低值 0.37，2011 年比 2003 年降低了约 50%。从全国层面来看，我国三大区域对外直接投资的差异性 2003 ～ 2009 年呈现逐步缩小的态势，但 2010 ～ 2014 年又呈现逐步扩大的发展态势。

从 Theil 指数的分解来看，与全国 Theil 指数的变化趋势一致，除了个别年份外，三大区域的组内差异和组间差异自 2003 年起整体处于不断缩小的趋势，这说明无论是组内差异还是组间差异，其差异性也都在逐渐缩小。从组内差异和组间差异占总差异的贡献率来看，2003 年组

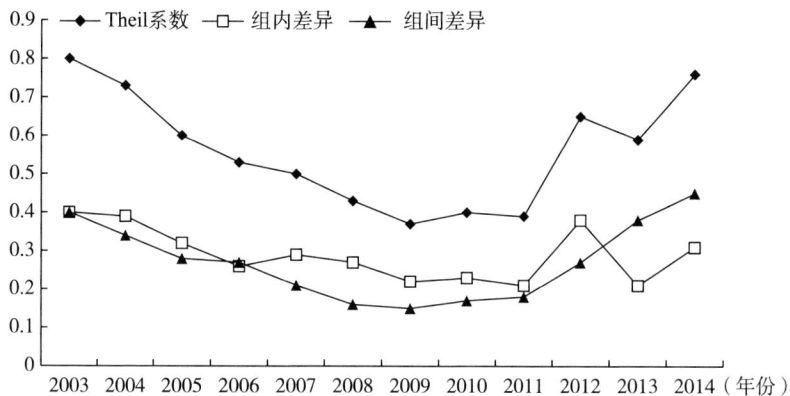

图 3 − 5　中国地区间对外直接投资组内差异与组间差异 Theil 指数的变化趋势

资料来源：根据 2003 ~ 2014 年《中国对外直接投资统计公报》的相关数据计算得到。

内差异和组间差异对总差异的贡献率处于势均力敌的状态，各占 50%。之后，除个别年份外，组内差异的贡献率大多高于组间差异，尤其在 2008 年，组内差异的贡献率达到 62.79%，组间差异只有 37.21%。到 2014 年，组内差异的贡献率为 40.79%，组间差异的贡献率为 59.21%。

3.2.9　区位熵

区位熵也被称为业绩指数[①]，是分析地区差异及地区业绩（竞争力）的常用指标，可以反映某地区对外直接投资的业绩状态或竞争力水平。区位熵的含义为各地区对外直接投资占全国对外直接投资的比重与该地区生产总值占全国 GDP 的比重之比。结合本书研究的需要，对外直接投资区位熵可以表示为：

---

① 区位熵也被称为业绩指数，其原因在于该指数是个相对概念，是相对于该地区经济发展水平在全国的位置而言的。如本书用于衡量各省份对外直接投资的区位指数，利用的是各省份对外直接投资占全国份额与本地区生产值占全国份额之比。当熵指数大于 1 时，表示该地区的对外直接投资超出了本地区的经济发展水平，即取得了较好的业绩；当熵指数小于 1 时，表示该地区的对外直接投资落后于本地区的经济发展水平。因此，可以根据区位熵数值与 1 的比较，分辨出本地区对外直接投资的领先或落后地位。

$$Q_i = \frac{OFDI_i \Big/ \sum\limits_{i=1}^{N} OFDI_i}{GDP_i \Big/ \sum\limits_{i=1}^{n} GDP_i} \tag{3.11}$$

在式 3.11 中，$OFDI_i$ 及 GDP_i 分别表示 i 省份对外直接投资和国民生产总值，$\sum\limits_{i=1}^{n} OFDI_i$ 及 $\sum\limits_{i=1}^{N} GDP_i$ 分别表示全国对外直接投资总额及 GDP 总额。

依据区位熵指数的大小可以将各地区的对外直接投资进行分类：如果区位熵大于 1，说明该地区的对外直接投资处于领先水平，或者表示业绩水平高，数值越大，领先地位越强；如果区位熵小于 1，则表明该地区的对外直接投资处于落后地位，或表示业绩水平低，数值越小，落后地位越明显。

1. 各地区对外直接投资流量的区位熵

表 3 - 9 是 2003 ~ 2014 年我国东部地区各省份对外直接投资流量的区位熵。自 2003 年始，我国东部地区中对外直接投资区位熵始终大于 1 的省份有北京市、上海市和广东省，说明 2003 ~ 2011 年北京市、上海市和广东省的对外直接投资处全国于领先地位，业绩水平高。另外，福建省、浙江省、天津市、辽宁省、海南省在部分年份的对外直接投资区位熵大于 1，说明这五个地区的对外直接投资在部分年份处于全国领先地位。山东省虽然 2003 ~ 2010 年对外直接投资的区位熵均小于 1，但大多年份均处于 0.80 到 0.96 之间，比较接近 1，2011 ~ 2013 年的区位熵均大于 1，说明山东省对外直接投资的业绩水平依然较强。河北省、江苏省和海南省的对外直接投资区位熵不仅小于 1，并且数值比较小，这说明河北省、江苏省和海南省对外直接投资的业绩水平低。

表 3 - 9   2003～2014 年我国东部各省份对外直接投资流量区位熵

省份	2003 年	2004 年	2005 年	2006 年	2007 年	2008 年	2009 年	2010 年	2011 年	2012 年	2013 年	2014 年
北京	4.43	4.10	2.88	1.99	2.08	2.73	2.85	2.58	1.60	1.59	3.63	4.26
天津	0.08	1.83	0.34	0.63	0.62	0.58	0.71	0.79	0.80	0.88	1.35	3.30
河北	0.17	0.49	0.56	0.50	0.36	0.40	0.47	0.51	0.42	0.37	0.57	0.52
辽宁	0.17	0.28	0.22	0.53	0.51	0.54	0.90	1.40	1.14	1.87	0.83	0.65
山东	0.89	0.79	0.80	0.88	0.80	0.81	0.71	0.96	1.21	1.17	1.34	0.82
江苏	0.18	0.45	0.45	0.48	0.58	0.67	0.67	0.71	1.02	0.98	0.88	0.78
上海	5.37	4.88	4.30	4.34	3.11	1.88	2.20	2.68	2.12	2.77	2.13	2.65
浙江	0.26	0.43	0.65	0.78	0.80	0.87	1.19	1.59	1.27	1.15	1.18	1.20
福建	0.87	0.79	0.69	1.21	1.27	1.26	1.20	1.01	0.67	0.73	0.76	0.55
广东	3.76	3.51	3.04	2.75	2.93	2.85	2.23	1.91	1.51	1.56	1.66	2.01
海南	0.31	0.38	0.28	0.23	0.44	0.36	0.63	1.23	1.07	1.89	4.48	3.17

资料来源：根据 2003～2014 年《中国对外直接投资统计公报》和 2004～2015 年《中国统计年鉴》的相关数据计算得到。

从对外直接投资区位熵的动态来看，辽宁省、江苏省和浙江省的对外直接投资区位熵总体处于不断上升的发展态势，说明这三个省对外直接投资的业绩在逐渐增强。上海市和广东省的区位熵总体处于下降的态势，说明这两个地区对外直接投资的业绩虽然处于领先地位，但优势程度有所下降。而东部其他省份对外直接投资区位熵的变化没有体现出规律性的上升或下降趋势。

表 3 - 10 是 2003～2014 年我国中部各省份的对外直接投资流量的区位熵。从表 3 - 10 可以看出，自 2003 年起，中部地区各省份没有一个省份的对外直接投资区位熵始终大于 1，说明中部地区没有一个省份的对外直接投资在全国始终处于领先地位。只有黑龙江省在 2005～2009 年、湖南省在 2009 年和 2011 年的区位熵数值大于 1。从区位熵数值大小来看，江西省和湖北省的区位熵在中部地区处于最低水平，说明这两个省的对外直接投资处于业绩水平非常低的状态。

表 3 – 10　2003～2014 年我国中部各省份对外直接投资流量区位熵

省份	2003 年	2004 年	2005 年	2006 年	2007 年	2008 年	2009 年	2010 年	2011 年	2012 年	2013 年	2014 年
山西	0.74	0.44	0.45	0.67	0.58	0.30	0.67	0.52	0.36	0.43	0.78	0.30
内蒙古	0.12	0.13	0.23	0.32	0.28	0.29	0.38	0.30	0.20	0.55	0.42	0.78
吉林	0.53	0.57	0.47	0.44	0.52	0.71	0.90	0.78	0.43	0.42	1.00	0.30
黑龙江	0.47	0.62	1.28	1.70	1.29	1.44	1.14	0.93	0.42	0.89	0.93	0.54
安徽	0.13	0.12	0.17	0.29	0.27	0.28	0.25	0.68	0.77	0.70	0.82	0.23
江西	0.05	0.04	0.05	0.07	0.12	0.16	0.16	0.18	0.36	0.49	0.46	0.59
河南	0.08	0.16	0.36	0.12	0.19	0.22	0.27	0.23	0.23	0.19	0.32	0.20
湖北	0.08	0.06	0.08	0.09	0.07	0.06	0.07	0.08	0.80	0.38	0.37	0.31
湖南	0.03	0.03	0.11	0.24	0.40	0.71	1.44	0.13	1.32	0.76	0.40	0.36

资料来源：根据 2003～2014 年《中国对外直接投资统计公报》和 2004～2015 年《中国统计年鉴》的相关数据计算得到。

从区位熵的变化趋势来看，中部地区中的湖南省、江西省、黑龙江大部分年份的区位熵处于不断上升的态势，其他省份的区位熵处于上升和下降不断交替的变化状态。其中，比较特殊的是湖北省，湖北省的区位熵不仅数值很小，并且 2003～2010 年的区位熵一直在 0.06～0.09 的窄幅内波动。

表 3 – 11 是 2003～2014 年我国西部各省份对外直接投资流量的区位熵。从表 3 – 11 可以看出，与中部地区类似，西部地区也没有一个省份的区位熵 2003～2014 年一直大于 1，即西部地区各省份没有一个省份的对外直接投资一直处于全国领先水平。只有甘肃省在 2007～2013 年、新疆自治区在 2007～2011 年、重庆市在 2004 年、云南省在 2008～2014 年（2011 年除外）的区位熵数值大于 1，说明这些省份部分年份的业绩较高，其他年份的业绩较低。在西部地区 10 个省份中，贵州省的区位熵数值最低，说明贵州省的对外直接投资在西部处于最落后的地位。

从区位熵的变化趋势来看，陕西省、新疆自治区、贵州省和云南省的区位熵在大多数年份呈现不断上升的变化趋势，说明这些地区对外直接投资的业绩在逐渐增强。其他省份的区位熵处于上升和下降的不断交替中。

表 3 - 11　2003 ~ 2014 年我国西部各省份对外直接投资流量区位熵

省份	2003 年	2004 年	2005 年	2006 年	2007 年	2008 年	2009 年	2010 年	2011 年	2012 年	2013 年	2014 年
陕西	0.09	0.07	0.07	0.11	0.13	0.32	0.47	0.52	0.79	0.71	0.33	0.29
甘肃	0.40	0.33	0.67	0.63	1.17	2.26	1.66	1.31	2.86	4.12	1.19	0.50
青海	0.09	0.09	0.08	0.08	0.05	0.06	0.06	0.05	0.02	0.11	0.29	0.09
广西	0.32	0.27	0.29	0.16	0.21	0.24	0.36	0.41	0.32	0.35	0.10	0.18
宁夏	0.11	0.08	0.42	0.71	0.37	0.37	0.27	0.21	0.14	0.46	0.58	1.54
新疆	0.63	0.80	0.91	0.84	1.83	2.39	2.08	1.66	1.38	0.97	0.65	0.74
四川	0.14	0.11	0.26	0.29	0.54	0.38	0.35	0.55	0.59	0.42	0.39	0.61
重庆	0.07	1.13	0.39	0.33	0.44	0.58	0.43	0.63	0.89	0.78	0.47	0.67
贵州	0.03	0.03	0.02	0.02	0.02	0.06	0.06	0.03	0.08	0.08	0.45	0.12
云南	0.17	0.14	0.33	0.45	0.70	1.21	1.41	1.63	0.62	1.70	1.22	1.23

资料来源：根据 2003 ~ 2014 年《中国对外直接投资统计公报》和 2004 ~ 2015 年《中国统计年鉴》的相关数据计算得到。

2. 各地区对外直接投资存量的区位熵

为了集中考察和比较我国地区间对外直接投资差异的累积效应，需要使用对外直接投资的存量数据，以进一步区分我国地区间对外直接投资绩效的累积效应和综合效果。为了体现各省份区位熵的动态变化过程，本书选择 2003 年和 2014 年两个年度的存量数据进行比较。

表 3 - 12 是 2003 年和 2014 年中国地区间对外直接投资存量的区位熵及排名。从表 3 - 12 可以看出，2003 年我国地区间对外直接投资的业绩总体表现不佳，30 个省份中只有上海市、北京市、广东省三个省市的区位熵大于 1。其中，2003 年排在第一的是上海市，达到 5.45，分列第二和第三的是北京市和广东省，其区位熵分别为 4.50 和 3.81。其他 27 个省份对外直接投资的区位熵均小于 1，这也进一步印证了 2003

年我国大部分地区的对外直接投资处于起步阶段，截止到 2003 年对外直接投资的累计规模较小。排在第四和第五位的分别为山东省和福建省，其区位熵分别为 0.90 和 0.88。2003 年对外直接投资区位熵排名最后五位的分别为宁夏自治区、河北省、贵州省、重庆市和江西省，这五个省份中宁夏自治区、贵州省和重庆市属于西部地区，江西省为中部地区，只有河北省为东部地区。

表 3-12　2003 年和 2014 年中国各省份对外直接投资存量区位熵及排名

2003 年						2014 年					
省份	熵	排名	省份	熵	排名	省份	熵	排名	省份	熵	排名
上海	5.45	1	辽宁	0.17	16	北京	3.90	1	福建	0.59	16
北京	4.50	2	四川	0.15	17	上海	3.16	2	重庆	0.54	17
广东	3.81	3	陕西	0.14	18	海南	3.14	3	宁夏	0.53	18
山东	0.90	4	安徽	0.13	19	广东	2.09	4	吉林	0.51	19
福建	0.88	5	内蒙古	0.12	20	天津	1.72	5	河北	0.45	20
山西	0.81	6	青海	0.10	21	甘肃	1.37	6	陕西	0.41	21
新疆	0.64	7	河南	0.09	22	云南	1.17	7	山西	0.39	22
吉林	0.54	8	湖北	0.08	23	浙江	1.12	8	内蒙古	0.39	23
黑龙江	0.47	9	天津	0.07	24	山东	0.97	9	江西	0.37	24
甘肃	0.41	10	湖南	0.06	25	辽宁	0.95	10	四川	0.36	25
广西	0.32	11	江西	0.06	26	黑龙江	0.78	11	广西	0.28	26
海南	0.31	12	重庆	0.05	27	新疆	0.77	12	湖北	0.24	27
浙江	0.26	13	贵州	0.04	28	江苏	0.70	13	河南	0.21	28
江苏	0.19	14	河北	0.02	29	安徽	0.60	14	青海	0.13	29
云南	0.18	15	宁夏	0.01	30	湖南	0.60	15	贵州	0.11	30

資料来源：根据 2003 年和 2014 年《中国对外直接投资统计公报》、2004 年和 2015 年《中国统计年鉴》的相关数据计算得到。

2014 年我国地区间对外直接投资存量的绩效与 2003 年相比发生了比较大的变化。首先，进入高绩效的省份明显增多，2003 年只有 3 个省份进入高绩效地区，但经过 11 年的快速增长，到 2014 年进入对外直接投资高绩效的地区明显增多，增加到8个。其次，2003年进入高绩效的三个地区中绩效指数最高的达到5.45，而绩效指数低于0.1的地区共有9个，分别为河南省、湖北省、天津市、湖南省、江西省、重庆市、贵州省、河北省和宁夏自治区，而最低的地区宁夏自治区只有0.01。这说明在2003年，我国地区间对外直接投资绩效的差异性非常大，两极分化现象非常突出。到2014年，绩效位居第一的北京市达到3.90，低于2003年的最高值5.45，并且2014年业绩指数低于0.1的省份明显减少，这说明到2014年，我国地区间对外直接投资绩效的差异性有所减小。

3.3 小结

本章通过构建指标体系，基于静态的角度对我国对外直接投资的地区差异进行了统计分析，可得出如下结论。

基于地区份额、赫希曼－赫芬达尔指数、多样性指数、均匀度指数、极商指数、基尼系数的测度显示，我国地区间对外直接投资的差异性特征近年来虽然有所缩小，但地区不均衡现象依然非常突出。基于总体差异指标的研究发现，我国地区间对外直接投资的总体差异依然在进一步扩大，但相对差异在逐步缩小。基于Theil指数的分析发现，自2003年以来，我国东部地区和中部地区对外直接投资的内部差异均呈现逐渐减小的趋势，中部地区虽然也呈现缩小的总体趋势，但缩小的幅度比较小。在三大区域中，西部地区的内部差异最大，其次分别为东部地区和中部地区。基于区位熵的研究发现，2003年以来我国对外直接投资达到绩效较高水平的省份逐渐增多。到2011年，海南省、北京市、广东省、上海市、甘肃省、新疆自治区、浙江省、云南省、辽宁省、山东省处于我国对外直接投资的高绩效地区，而福建省、黑龙江省、天津市、江苏省、重庆市、安徽省、吉林省、四川省、陕西省、河北省、山西省、广西自治区、湖北省、内蒙古自治区、河南省、江西省、宁夏自治区、贵州省及青海省在全国的对外直接投资中处于相对落后的地位。

4　中国对外直接投资地区
差异的收敛性检验

　　我国对外直接投资地区差异的统计分析主要是基于静态的视角定量地刻画我国地区间对外直接投资差异性的客观状态，但我国对外直接投资的地区差异是动态地趋向扩大还是趋向缩小，值得进一步深入分析。因此，只有在对我国地区间对外直接投资地区差异进行静态分析的基础上，基于动态的视角深入分析我国地区间对外直接投资差异的动态变化，才能完整地认识我国对外直接投资地区差异的演变特征。

　　新古典经济增长理论的一个重要结论是，区域经济增长会趋向条件收敛。这一经济学思想及研究方法为进一步分析我国对外直接投资地区差异的动态演变特征及发展趋势提供了重要的理论基础和方法启示。本书在借鉴新古典经济增长理论收敛假说的基础上，运用省际面板数据模型并通过将全国划分为三大俱乐部，实证检验我国对外直接投资地区差异的 σ 收敛、β 收敛及俱乐部收敛，从而基于动态的视角深入研究了我国对外直接投资地区差异的演变特征及发展趋势。

4.1　收敛假说的内涵及适用范围

　　新古典经济增长理论的收敛假说认为，随着经济的发展，人均资本拥有存量较低的地区由于具有较高的资本收益率而比人均资本拥有存量较高的地区拥有更高的经济增长速度。也就是说，欠发达地区具有向发达地区收敛的趋势。因此，收敛假说为发展中经济体向发达经济体的追赶提供了坚实的理论基础，也奠定了新古典经济增长理论的基础。

经济增长收敛假说之所以得到学界的广泛关注，其中一个重要原因在于其对区域经济差异的变化趋势及动态演变规律具有较强的解释能力。经济收敛理论认为，如果地区间生产要素的流动不受限制，在资本的边际收益递减规律的作用下，地区间的差距将逐渐缩小。对政策制定部门而言，收敛理论为政府进行区域经济均衡发展的宏观调控提供了重要的政策启示。如果区域经济具有长期收敛的趋势，则区域经济的差异将逐步减小，最终会自动趋于均衡。如果区域经济长期内存在发散的动态变化趋势，则政府可以通过加强市场经济作用机制，促使各种要素在区域间自由流通，以有效地缩小区域经济差异，最终达到调控区域经济差异的目的（覃成林，2009）。

随着收敛假说的提出，学术界逐渐认识到收敛假说虽然主要针对经济增长展开，但收敛假说也具有非常强的方法论启示。这主要表现在后来的学者在进行区域经济差异问题的相关研究时，已经突破了最早的收敛理论只适用于经济增长这一比较狭窄的领域，将收敛假说的研究方法广泛应用于地区差异性的研究之中，从而使得收敛假说在方法论的意义上具有较强的应用价值。因此，收敛假说已成为研究区域差异演变规律的有力工具[①]。

中国地域辽阔，区域经济发展存在着制度环境、风俗习惯等差异，

---

① 由于具有非常强的理论价值、政策含义和方法论的启示，收敛理论得到了广泛的应用。综观现有文献，国内外学者除了将收敛理论应用于经济增长领域外，一些学者认为经济增长是否收敛的背后原因在于生产率是否收敛，因此，一些学者检验了不同行业生产率的收敛性。除此之外，不少学者认为收敛理论具有非常强的方法论启示，将收敛理论广泛应用于对其他区域差异演变规律的研究，如将其应用于地区间贸易发展、地区间外商直接投资发展等领域。

导致区域经济发展存在较大的差异性。近年来，对外直接投资逐渐成为我国对外开放新战略实现的重要支撑和保障。在此背景下，基于国内外相关前沿理论和研究成果，结合我国地区发展的现状，率先将经济增长收敛理论应用到我国地区间对外直接投资动态演变特征的研究中来，可以把握我国地区间对外直接投资的内在演变特征和动态变化趋势，从而为我国对外直接投资的区域均衡发展提供科学的理论基础和实证支持。

4.2　收敛模型、变量描述及俱乐部划分

新古典经济增长理论的收敛假说由于提供了政府调控的理论基础及较强的经济解释能力，得到了学术界广泛的关注和应用。随着收敛假说的广泛应用及面板数据计量分析方法的逐渐成熟，学术界提出了用于实证研究的收敛模型。

4.2.1　收敛模型

根据新古典经济增长理论收敛假说的思想，国内外学者将收敛划分为 σ 收敛（σ convergency）、β 收敛（β convergency）及俱乐部收敛（club convergency）三种收敛形式。

1. σ 收敛

σ 收敛是指不同地区的人均 GDP 或人均收入的标准差逐渐缩小。σ 收敛可以从总体上反映地区经济发展的差异性。基于本书研究我国地区间对外直接投资的收敛性，σ 收敛可以用变异系数表示：

$$\sigma = \sqrt{\sum_{i=1}^{N} \left(\ln ofdi_i - \frac{1}{N} \sum_{i=1}^{N} \ln ofdi_i \right)^2 \bigg/ N} \tag{4.1}$$

在式 4.1 中，$\ln ofdi_i$ 表示 i 地区的对外直接投资，$\frac{1}{N} \sum_{i=1}^{N} \ln ofdi_i$ 表示

全国各地区的对外直接投资平均值，N 表示全国的地区数。

2. β 收敛

β 收敛可以划分为 β 绝对收敛和 β 条件收敛。β 绝对收敛是指随着时间的推移，落后地区和发达地区将自动收敛于相同的人均水平。β 绝对收敛隐含着严格的假定条件，如落后地区和发达地区之间的制度环境相似、产业结构层次一致、消费结构雷同、生产函数类似等。在这种完全相同的条件下，不同地区的生产总值或收入水平将会有相同的稳态。相比较而言，σ 收敛侧重于不同时间断面上的静态分析，而 β 收敛侧重于对某一时间段的动态考察。

结合本书研究的对象及目的，β 绝对收敛可以用式 4.2 表示：

$$\ln(ofdi_{i,t+T}/ofdi_{i,t})/T = \alpha + \beta \ln ofdi_{i,t} + u_{i,t} \tag{4.2}$$

在式 4.2 中，$ofdi_{i,t}$ 表示第 t 期即期初人均对外直接投资，$ofdi_{i,t+T}$ 表示第 $t+T$ 期人均对外直接投资，$\ln(ofdi_{i,t+T}/ofdi_{i,t})/T$ 表示从第 t 期到第 $t+T$ 期人均对外直接投资的年均增长率。如果系数 β 为负并通过了显著性检验，表示人均对外直接投资低的地区比人均对外直接投资高的地区拥有更快的增长速度，也就是说人均对外直接投资的增长速度与人均对外直接投资的初始值成反比，即表现为 β 绝对收敛。

为了使计量回归的时间序列体现出连续性并能最大限度地利用样本数据，可以令 $T=1$，β 绝对收敛可以表达为下式：

$$\ln(ofdi_{i,t+1}/ofdi_{i,t}) = \alpha + \beta \ln ofdi_{i,t} + u_{i,t} \tag{4.3}$$

β 条件收敛与 β 绝对收敛存在着明显的差异，β 条件收敛考虑了不同地区的制度环境、产业结构、消费结构等方面存在的客观差异，它意味着不同地区的人均 GDP 或人均收入将收敛于各自的稳定水平。在 β 绝对收敛模型的基础上，加入适当的控制变量后，可以将 β 绝对收敛变换成 β 条件收敛。从表达形式上来看，β 条件收敛与 β 绝对收敛的唯一不同之处在于 β 条件收敛在 β 绝对收敛模型的基础上加入了相关控制变量。结合本书研究的具体对象，β 条件收敛可以表示为下式：

$$\ln(ofdi_{i,t+t}/ofdi_{i,t})/T = \alpha + \beta \ln ofdi_{i,t} + \lambda X_{i,t} + \mu_{i,t} \tag{4.4}$$

在式 4.4 中，$ofdi_{i,t}$ 表示第 t 期即期初人均对外直接投资，$ofdi_{i,t+T}$ 表示第 $t+T$ 期人均对外直接投资，$\ln(ofdi_{i,t+T}/ofdi_{i,t})/T$ 表示从第 t 期到第 $t+T$ 期人均对外直接投资的年增长率。$X_{i,t}$ 表示控制变量，λ 为控制变量的回归系数。如果系数 β 为负并通过了显著性检验，表示出现了 β 条件收敛。为了使计量回归的时间序列体现出连续性以最大限度地利用样本数据，可以令 $T=1$，β 条件收敛可以表达为下式：

$$\ln(ofdi_{i,t+1}/ofdi_{i,t}) = \alpha + \beta \ln ofdi_{i,t} + \lambda X_{i,t} + \mu_{i,t} \tag{4.5}$$

3. 俱乐部收敛

俱乐部收敛认为，由于经济体系中存在多重稳态均衡增长路径，只有初期经济发展水平接近、主要结构特征相似的地区才会收敛于同一稳态，落后地区与发达地区可能各自内部分别存在着收敛，但它们之间可能并不一定存在收敛。因此，俱乐部收敛是将整体样本划分为若干俱乐部子样本，每一俱乐部内部的成员均存在某些方面的共性，如经济发展水平相当、制度环境类似、风俗习惯相近以及地理空间距离较近等。在根据这些特征将经济体系划分为不同的俱乐部之后，检验这些俱乐部子样本内部是否出现了收敛，从而将研究视角深入全样本内部去探寻更微观层面的收敛状况。

4.2.2 变量描述及俱乐部划分

1. 变量描述

被解释变量：人均对外直接投资增长率 $rate$。人均对外直接投资年增长率可以表示为 $\ln(ofdi_{i,t+T}/ofdi_{i,t})/T$。当 $T=1$ 时，人均对外直接投资增长率为 $\ln(ofdi_{i,t+1}/ofdi_{i,t})$。

核心解释变量：初始人均对外直接投资 $ofdi$。初始人均对外直接投资用某地区初始期对外直接投资与该地区当年人口之比值表示。

控制变量主要包括表示经济发展水平的人均 GDP 即 $pgdp$、工业化程度 $indus$ 以及表示参与国际化程度及拥有国际化经验的人均外商直接投资 $pfdi$。

（1）经济发展水平 $pgdp$：经济发展水平是一个国家或地区经济发展阶段的重要衡量标准，也是一个国家或地区富裕程度或资金丰裕程度的重要体现。衡量经济发展水平的代理变量较多，但最常用的指标就是人均 GDP。本书便使用人均 GDP 即 $pgdp$ 来衡量一个地区的经济发展水平。

（2）工业化程度 $indus$：工业化程度是一个国家或地区经济发展水平和经济所处阶段的重要标志。一般来说，工业化程度越高，该地区对外直接投资越活跃。工业化程度用该地区工业总产值与该地区生产总值之比值来衡量。

（3）人均外商直接投资 $pfdi$：外商直接投资一方面反映该地区吸引国外资金的能力，另一方面也反映了该地区参与国际经济合作的经验。因此，一般来说，外商直接投资对对外直接投资具有较强的促进作用。同时，由于本书的被解释变量及核心解释变量使用的是人均概念。因此，外商直接投资也使用人均概念即人均外商直接投资 $pfdi$。

为消除计量模型的异方差，期初人均对外直接投资 $ofdi$、经济发展水平 $pgdp$、人均外商直接投资 $pfdi$ 等变量均取对数。结合本书实际，加入了控制变量的 β 条件收敛的模型变为下式：

$$\ln(ofdi_{i,t+1}/ofdi_{i,t}) = \alpha + \beta \ln ofdi_{i,t} + \lambda_1 indus_{i,t} + \lambda_2 \ln pgdp_{i,t} + \lambda_3 \ln pfdi_{i,t} + \mu_{i,t} \quad (4.6)$$

本书选择使用各地区对外直接投资的存量数据，之所以选择存量数据而不选择流量数据，其一是因为流量数据极不稳定，跳跃性很大，使用流量数据既难以发现对外直接投资发展的内在规律，也难以进行统计分析；其二是因为存量数据可以反映出各地区对外直接投资的累积效应。本书所使用的对外直接投资存量资料来源于 2003～2011 年《中国对外直接投资统计公报》，各地区生产总值、各地区人口、各地区工业总产值及各地区外商直接投资均来自 2004 ~ 2012 年《中国统计年鉴》及各省份统计年鉴。由于 2003 年前我国对外直接投资的规模非常小，不具有统计意义，因此，本书面板数据的时间序列设定为 2003 ~ 2011 年。全国层面各变量的统计性描述如表 4 - 1 所示。

表 4 - 1　全国层面各变量的统计性描述

变量	平均值	中位数	最大值	最小值	标准差
rate	0.4807	0.4125	3.3167	− 2.0518	0.4781
lnofdi	3.3258	3.4480	7.2882	− 1.5424	1.8364
indus	0.4023	0.4059	0.5358	0.1528	0.0796
lnpgdp	9.6966	9.6660	11.2686	8.1617	0.6129
lnpfdi	3.4904	3.5459	6.8250	− 0.2317	1.5445

资料来源：将 2004 ~ 2012 年《中国统计年鉴》、2003 ~ 2011 年《中国对外直接投资统计公报》的相关数据处理后，利用 Eviews 6.0 统计得到。

2. 俱乐部划分

为进一步检验我国对外直接投资是否呈现俱乐部收敛特征，本书还将全国地区划分为东部地区、中部地区和西部地区三大俱乐部，并在全国 31 个省份中，剔除了西藏自治区，主要是因为西藏自治区对外直接投资的数量非常少且部分年份的数据缺失。本书关于东部俱乐部、中部俱乐部和西部俱乐部包含具体省份的划分与前文关于东部地区、中部地区及西部地区的划分一致。

4.3　我国对外直接投资地区差异的收敛性检验

借鉴新古典经济增长理论的思想及方法，本书利用收敛理论检验我国对外直接投资地区差异的收敛性。

4.3.1 全国及三大俱乐部对外直接投资地区差异的 σ 收敛

表 4 - 2 和图 4 - 1 是全国及三大俱乐部对外直接投资的变异系数及其发展趋势。全国及三大俱乐部对外直接投资变异系数总体上表现出了"总体收敛，局部发散"的演变特征。从全国来看，2004 年全国层面对外直接投资的变异系数较 2003 年略有上升，2005～2009 年变异系数逐步下降，2010 年和 2011 年又分别较前一年有所上升。因此，虽然少数年份全国层面的对外直接投资处于发散状态，但从整体上来看，全国层面对外直接投资的地区差异存在 σ 收敛的趋势。

表 4 - 2　全国及三大俱乐部对外直接投资 σ 收敛的统计结果

年份	2003	2004	2005	2006	2007	2008	2009	2010	2011
全国	1.6983	1.7116	1.5833	1.5583	1.5046	1.3602	1.3406	1.3671	1.5899
东部俱乐部	1.6302	1.3023	1.3008	1.1867	1.0682	1.0161	1.8890	1.7393	1.7257
中部俱乐部	1.1438	1.1514	1.0983	1.0521	0.9214	0.9580	1.0106	0.8537	0.9362
西部俱乐部	1.0806	1.3289	1.3021	1.3380	1.5525	1.4160	1.3817	1.5076	1.6528

资料来源：根据 2003～2011 年《中国对外直接投资统计公报》、2004～2012 年《中国统计年鉴》的相关数据计算得到。

东部地区 2003～2008 年的变异系数呈现逐渐缩小的趋势，但 2009 年较 2008 年有较大程度的反弹，2010 年和 2011 年在 2009 年的基础上有所降低，但依然高于 2008 年的水平。这说明东部地区 2003～2008 年对外直接投资出现了 σ 收敛，2009 年开始发散，2010～2011 年又呈现出收敛的状态。中部地区对外直接投资变异系数的总体趋势依然是逐渐缩小，但少数年份出现发散的状态，这些年份分别是 2004 年、2008年、2009 年和 2011 年。这也说明中部地区对外直接投资地区差异总体呈现 σ 收敛，但少数年份发散。西部地区与东部地区和中部地区对外直接投资变异系数的发展趋势不同，西部地区对外直接投资的变异系数总体上处于不断爬行上升的发展趋势，这说明西部地区对外直接投资的地区差异总体上处于发散的状态，不存在 σ 收敛。

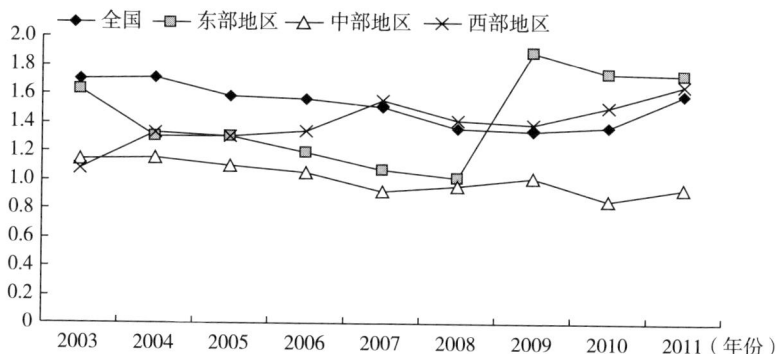

图 4-1　全国及三大俱乐部对外直接投资变异系数的发展趋势

资料来源：根据 2003～2011 年《中国对外直接投资统计公报》、2004～2012 年《中国统计年鉴》的相关数据计算后绘制得到。

从三大俱乐部对外直接投资变异系数的比较来看，中部地区除了 2003 年的变异系数高于西部地区外，其他年份均低于西部地区，这说明总体来看，中部地区对外直接投资的地区差异性小于西部地区。就中部地区与东部地区比较而言，2003～2011 年，中部地区对外直接投资的变异系数均低于东部地区，这说明中部地区对外直接投资的地区差异性也低于东部地区。东部地区与西部地区相比较而言，除了 2003 年、2009 年、2010 年和 2011 年外，东部地区对外直接投资的变异系数均小于西部地区。

4.3.2　全国及三大俱乐部对外直接投资地区差异的 β 绝对收敛

表 4-3 是全国及三大俱乐部对外直接投资 β 绝对收敛的回归结果。从全国层面及三大俱乐部层面来看，我国地区间对外直接投资差异的 β 绝对收敛也呈现出"总体收敛，局部发散"的动态演变特征。

Model 1 和 Model 2 是全国层面对外直接投资 β 绝对收敛的回归结果。其中 Model 1 是随机面板数据模型，Model 2 是固定面板数据模型。Model 1 和 Model 2 还报告了随机面板数据模型和固定面板数据模型选择标准的 Hausman 统计量的 p 值。因为 Hausman 统计量的原假设是随机效应，但由于全国层面 Hausman 统计量的 p 值为 0.0000，这表明在 Model 1 和 Model 2 中应该拒绝原假设，即应该选择固定效应模型作为基准模型，也就是全国层面的 β 绝对收敛应该选择固定效应的 Model 2 作为基准模型。从 Model 2 来看，其核心变量期初人均对外直接投资的系数符号为负并通过了 1% 的显著性检验，这说明全国层面的对外直接投资呈现 β 绝对收敛的发展态势。

表 4 - 3 全国及三大俱乐部对外直接投资 β 绝对收敛的回归结果

变量及统计量		全国		东部俱乐部		中部俱乐部		西部俱乐部	
		Model 1	Model 2	Model 3	Model 4	Model 5	Model 6	Model 7	Model 8
C	系数	0.7684***	1.1066***	1.0784***	1.2540***	0.8462***	1.0256***	0.6936***	0.9727***
	标准误	0.0635	0.0989	0.1187	0.1854	0.1282	0.1573	0.1113	0.1443
	t 值	12.0975	11.1859	9.0845	6.7640	6.5986	6.5191	6.2332	6.7417
	p 值	0.0000	0.0000	0.0000	0.0000	0.0000	0.0000	0.0000	0.0000
$\ln ofdi$	系数	-0.0865***	-0.1882***	-0.1359***	-0.1740***	-0.1358***	-0.2021***	-0.0725	-0.1856
	标准误	0.0167	0.0283	0.0245	0.0394	0.0415	0.0534	0.0375	0.0528
	t 值	-5.1704	-6.6539	-5.5495	-4.4152	-3.2736	-3.7822	-1.9337	-3.5130
	p 值	0.0000	0.0000	0.0000	0.0000	0.0018	0.0004	0.0573	0.0009
Adjusted - R^2		0.4061	0.4374	0.4864	0.3700	0.4402	0.4086	0.3357	0.4834
F 统计量		25.7973	2.1093	31.5048	3.5558	11.1108	1.8392	3.5545	1.6276
Method		RE	FE	RE	FE	RE	FE	RE	FE
Hausman		$p = 0.0000$		$p = 0.2175$		$p = 0.0490$		$p = 0.0024$	

注：表中各系数右上角的"***"代表在 1% 水平上显著，"**"代表在 5% 水平上显著，"*"代表在 10% 水平上显著。

表 4 - 3 的 Model 3 和 Model 4 分别是东部地区对外直接投资 β 绝对收敛的随机效应模型和固定效应模型。Model 3 和 Model 4 的 Hausman 统计量的 p 值为 0.2175，表明应该接受原假设，即应选择随机效应的 Model 3。通过 Model 3 可以看出，核心变量初始人均对外直接投资的系数符号为负并通过了 1% 显著性水平的检验，这说明东部地区对外直接

投资呈现 β 绝对收敛的发展趋势。

表 4 - 3 的 Model 5 和 Model 6 分别是中部地区对外直接投资 β 绝对收敛的随机效应模型和固定效应模型。Model 5 和 Model 6 的 Hausman 统计量的 p 值为 0.0490，表明如果设定 1% 的显著性水平检验，应该选随机效应模型，如果设定 5% 的显著性水平检验，则应该选择固定效应模型。因此，既可以选择随机效应模型，也可以选择固定效应模型。从表 4 - 3 可以看出，无论是随机效应模型还是固定效应模型，Model 5 和 Model 6 的核心变量期初人均对外直接投资的系数符号均为负并都通过了 1% 的显著性水平检验。因此，结合 Model 5 和 Model 6 可以得出结论——中部地区对外直接投资也呈现 β 绝对收敛的态势。

表 4 - 3 的 Model 7 和 Model 8 分别是西部地区对外直接投资 β 绝对收敛的随机效应模型和固定效应模型。Model 7 和 Model 8 的 Hausman 统计量的 p 值为 0.0024，说明应该选择固定效应的 Model 8。Model 8 的核心变量期初人均对外直接投资的系数虽然为负，但其系数未能通过 10% 的显著性检验，因此，西部地区对外直接投资没有显著地表现出 β 绝对收敛的趋势。

4.3.3　全国及各俱乐部对外直接投资地区差异的 β 条件收敛

表 4 - 4 是全国及三大俱乐部 β 条件收敛的回归结果。Model 9 和 Model 10 分别是全国层面对外直接投资 β 条件收敛随机效应和固定效应模型的回归结果。全国层面随机效应和固定效应模型的 Hausman 统计量的 p 值为 0.0000，因此应选择固定效应的 Model 10 作为全国层面对外直接投资 β 条件收敛的基准模型。从 Model 10 来看，其核心变量期初人均对外直接投资的系数符号为负，并通过了 1% 的显著性水平检验，说明全国层面的对外直接投资出现了 β 条件收敛。控制变量工业化程度、人均 GDP 及人均 FDI 的系数都为正，并且都通过了显著性检验。

表4-4　全国及三大俱乐部对外直接投资 β 条件收敛的回归结果

变量及统计量		全国		东部俱乐部		中部俱乐部		西部俱乐部	
		Model 9	Model 10	Model 11	Model 12	Model 13	Model 14	Model 15	Model 16
C	系数	-1.4994	-8.7818***	-1.9015	-6.7134**	-2.9177	-10.7205**	-0.9110	-9.5428***
	t 值	-1.3783	-5.1145	1.5091	-2.2666	-1.0580	-2.6624	-0.3581	-2.7791
$\ln ofdi$	系数	-0.1610***	-0.5505***	-0.2583***	-0.4775***	-0.2294***	-0.5727***	-0.0975	-0.6199***
	t 值	-5.2198	-9.2360	-5.9734	-4.9630	-3.0850	-4.7941	-1.6098	-5.1399
$\ln dus$	系数	0.1458	2.5210**	0.0224*	1.9763	0.5063	1.7621*	1.6376	2.1428
	t 值	0.3921	2.2471	1.7661	1.1038	0.4181	1.6916	0.9016	0.9057
$\ln pgdp$	系数	0.2530*	0.9944***	0.3085*	0.7506**	0.4245	1.2660**	0.1264	1.1057**
	t 值	1.9071	5.0010	1.9267	2.5062	1.2449	2.5383	0.3855	2.5648
$\ln pfdi$	系数	0.0010	0.1251**	0.0814*	0.1748*	-0.0755	-0.0181*	-0.0505	0.2090*
	t 值	0.0303	2.0442	1.8974	1.8087	-0.7220	-1.8348	-0.7094	1.8951
Adjusted-R^2		0.4247	0.5142	0.5798	0.4731	0.3251	0.5446	0.3106	0.4888
F 统计量		8.4426	3.9010	12.6338	4.2312	3.2158	2.6727	1.1846	3.1553
Method		RE	FE	RE	FE	RE	FE	RE	FE
Hausman		$p=0.0000$		$p=0.1131$		$p=0.0000$		$p=0.0000$	

注：表中各系数右上角的"***"代表在1%水平上显著，"**"代表在5%水平上显著，"*"代表在10%水平上显著。

因此，从全国层面来看，控制变量工业化程度、经济发展水平及人均外商直接投资均对全国层面的对外直接投资起到了显著的促进作用。这种回归结果与现实比较符合，工业化程度表明了一个地区第二产业在经济结构格局中所处的地位，而目前我国对外直接投资的主要产业就是工业。因此，工业化程度对我国的对外直接投资起到了支撑作用。人均GDP反映了一个国家或地区的经济发展水平，从对外直接投资的发展阶段来看，当经济发展水平较低时，由于缺乏建设资金，没有能力对外直接投资，相反，还需要吸引大量的外商直接投资来支持本国的经济发展。只有当经济发展到一定程度的时候，其国内的经济资源才可能在全球范围内配置。针对我国而言，经过改革开放三十多年的发展，我国经济总量已位居全球第二，经济发展水平大为提高，经济发展水平对我国对外直接投资起到了重要的促进作用。人均外商直接投资的水平不仅反映了一个国家或地区参与经济全球化的广度和深度，同时也反映了一个国家或地区参与经济全球化的经验。改革开放以来，我国大力吸引外商直接投资，这些投资不仅为我国的经济建设提供了资金来源，更为重要的是为我国参与全球经济合作提供了重要的合作平台和国际经验，Model 10 中的人均 FDI 对我国对外直接投资的正向促进作用也充分印证了这一点。

利用同样的方法通过 Hausman 统计量的 p 值来判别需要选定的基准模型可以发现，无论是东部地区、中部地区还是西部地区，其核心变量期初人均对外直接投资的符号均为负，并且都通过了显著性检验，这说明无论是东部地区、中部地区还是西部地区都显示了 β 条件收敛。控制变量在三大俱乐部条件收敛中所起到的作用存在一定的差异。东部地区、中部地区与全国层面类似，工业化程度、人均 GDP 及人均 FDI 均对东部地区及中部地区的对外直接投资起到了显著的促进作用。在西部地区，人均 GDP 及人均 FDI 对其对外直接投资起到了促进作用，但工业化程度对西部地区的对外直接投资没有起到显著的作用。这可能是由于西部地区的产业结构依然主要以农业为主，其工业水平比较低，西部地区本身还处于"资金洼地"，对外投资的能力和动力都不强，导致工业化程度对西部地区对外直接投资的作用不显著。

4.4　小结

文章借鉴新古典经济增长理论收敛假说的思想和方法，利用省际面板数据模型对我国对外直接投资地区差异的收敛性进行了实证研究。研究结果显示：全国及各俱乐部的对外直接投资整体上表现出了"总体收敛、局部分散"的动态演变特征。从 σ 收敛来看，除个别年份外，全国层面、东部俱乐部和中部俱乐部都出现了 σ 收敛，而西部俱乐部趋向发散。从 β 绝对收敛来看，全国及东部俱乐部、中部俱乐部的对外直接投资出现了 β 绝对收敛的发展态势，而西部地区没有出现 β 绝对收敛。加入控制变量工业化程度、经济发展水平及人均外商直接投资后，全国及三大俱乐部均出现了 β 条件收敛。

从我国地区间对外直接投资"整体收敛、局部分散"的动态演变特征来看，虽然部分地区出现了收敛，但其他地区依然没能在市场自行调节的机制下趋向收敛。因此，总体来看，一方面要继续发挥市场的自动调节机制，另一方面为了进一步缩小地区差距，促进区域间对外直接投资的均衡发展，政府在维护市场机制的前提下，依然有必要制定一些促进我国对外直接投资区域均衡发展的政策措施。

5 中国对外直接投资的影响因素

对我国对外直接投资影响因素进行研究，可以进一步认识我国对外直接投资的形成根源。因此，有必要深入分析我国对外直接投资的影响因素，甄别我国对外直接投资形成的内在影响机理，从而为我国对外直接投资的区域均衡发展奠定坚实的理论基础和实证支持。

5.1　问题的提出

综观现有文献发现，虽有文献研究了制度①与我国对外直接投资的关系，但大多基于东道国制度的视角研究我国对外直接投资的区位选择。国内虽有少量研究涉及母国宏观制度与我国对外直接投资之间的关系，但尚缺乏关于母国制度与我国对外直接投资关系的实证研究。因此，总体来看，研究东道国制度对我国对外直接投资"拉力"的文献较多，而研究母国制度对我国对外直接投资"推力"的文献不仅较少，并且实证检验的更少。因此，我国地区间对外直接投资与制度之间的关系究竟如何，值得深入研究。

新制度经济学认为，制度与经济绩效之间存在较强的关联性，制度

---

① 道格拉斯·诺斯认为，制度是一个社会的博弈规则，它是一些人为设计的、形塑人们互动关系的约束。

与经济资源的流动也存在较强的相关关系。由此，形成了"制度决定论"的经济学思想。一般来说，制度水平越高，越能促进经济绩效的获得，但制度水平的高低与经济绩效之间并不一定存在严格的正向关系，还可能受到经济发展水平等因素的制约。因此，制度与经济绩效之间的关系，需要理论阐释，更需要实证检验的支持。

针对已有研究的不足，本书利用新制度经济学的分析框架，将制度纳入省际面板数据模型，对制度与我国地区间对外直接投资的关系进行研究，以探寻我国地区间对外直接投资的制度影响根源。本章探讨的主要问题是：制度是否对我国地区间对外直接投资差异产生影响；如果存在影响，那么这种影响在不同的地区是否一致，即是否存在地区异质性。

5.2 制度与对外直接投资

关于制度与经济的关系，传统经济学认为促进经济增长的主要因素是诸如资本、劳动力、资源、知识等变量，而制度是外生变量，从而忽视了制度在经济中的重要作用。新制度经济学认为，在社会的资源及知识存量一定的情况下，制度的变迁同样能带来经济绩效的变化，经济绩效的差异从根本上来说受制于制度质量及制度变迁的方式。制度可以降低经济发展中的交易费用、建立激励机制以及减少或约束破坏经济发展的行为。因此，制度在经济发展过程中起到非常重要的作用，不同质量的制度导致不同的经济绩效。

作为经济资源流动和配置的一种重要方式，对外直接投资理论上会受到制度的影响。但制度与对外直接投资的关系往往并不是直线型的，而是比较复杂的互动关系。具体来看，制度对对外直接投资的影响主要体现在以下两个方面。

1. 制度影响对外直接投资企业的经济效益和竞争优势

所谓制度，道格拉斯·诺斯认为，制度是一个社会的博弈规则，它是一些人为设计的、形塑人们互动关系的约束。制度之所以在经济社会中占据重要地位，主要是因为制度能为经济社会的发展构建一个比较稳定的约束结构，从而较大程度地减少不确定性（柳博，2010）。因此，一般来说，高质量的制度可以减少企业在经营运作过程中的交易成本，增进企业的经营绩效。如在一个制度质量较高的社会，政府寻租的机会较少，企业业务经营以外的费用降低，从而无形中提高了企业的经济效益和竞争优势。因此，高质量的制度由于提高了对外直接投资的效益和竞争优势，会在一定程度上促使企业选择对外直接投资的方式参与国际分工。

但制度与对外直接投资企业的经济效益和竞争优势的关系在发展中国家可能还存在着其他的影响结果。如以政府参与经济程度为标准的政府治理而言，如果政府治理的程度较深，表明政府掌握了较多的社会资源，这样一方面政府可以通过建设较好的基础设施条件为企业服务，并通过转移支付的方式加大对企业发展的支持力度，但另一方面，如果政府治理的程度过深，则会导致企业和政府寻租机会的增加，又会使得企业不完全遵守市场化经营的原则，导致企业不能成为完全的市场竞争主体，进而影响企业通过对外直接投资在全球范围内参与国际竞争。

2. 制度影响对外直接投资企业的国际视野和国际化选择

制度对对外直接投资企业的国际化战略具有深远影响。这种影响既有可能增强企业对外直接投资的动力，也可能成为企业对外直接投资的障碍。一个地区的对外开放政策质量高低，直接影响了当地企业的国际视野和国际化选择。对外开放政策质量较高，会培植一批开放型企业，造就一批国际化经营人才，这样就能促进企业的对外直接投资。相反，一个国家或地区采取比较封闭的内向型经济，则会导致当地的企业既缺

乏参与国际竞争的经验，也缺乏到国际市场上进行资源配置的国际
视野。

制度对对外直接投资的影响也不一定呈现完全的正向促进作用，如
我国对外直接投资的区位选择呈现"对发展中国家的投资多，对发达
国家的投资少"的特征。这种特征很可能与我国企业目前整体的经营
制度环境存在较大的关联性，也就是说，我国的对外直接投资比较趋向
于流入与我国制度环境较为类似的国家或地区。

虽然从理论上讲，制度与作为资源流动和资源配置方式的对外直
接投资之间存在着较强的关联性，由于我国的对外直接投资不仅具有
对外直接投资的共性特征，也具有自己独特的个性，因此，对于发展
中的转型经济体而言，制度与对外直接投资之间的关系究竟如何，值
得深入探讨。因此，对于制度与我国地区间对外直接投资的关系，不
仅需要在理论上进行深入研究，更需要从实证的角度进行检验。

5.3 改革开放以来中国地区间的制度变迁

在计划经济时代，我国中央政府享有最高行政权力，地方政权在中
央政权的统一领导下行使各种职权。从法律制度而言，我国地方的权力
由中央授权。并且，全国只有一个中央政权、一部宪法、一种法律体系
（席恒、梁木，2009）。

自 1978 年实行改革开放以来，我国实施了以"摸着石头过河"为
典型特征的渐进式改革开放战略，我国的各项经济制度、法律制度均处
于渐进式的演变过程中，计划经济"大一统"式的制度逐渐退出历史
舞台，而以市场经济为核心目标的各项制度逐渐确立。从我国对外开放
的历史来看，我国采取的是由点及面、由局部到整体、由东至西的逐步
推进的改革开放战略。

从我国对外开放及制度变迁①的历程来看，可以分为三个阶段。第一阶段是 1978 年至南方谈话之前，为我国对外开放的起步阶段。在这一阶段，我国通过率先实施经济特区、经济技术开发区、沿边沿江开发战略等开放战略，逐步拓展了我国对外开放格局的层次。在这一时期，以经济特区为代表的东部沿海对外开放政策实施的是以市场化为基本导向的改革开放，通过删除过剩的制度供给，为微观经济主体搞活经济提供了必要的制度基础。第二阶段是 1991~2001 年，为我国改革开放的逐步深化战略阶段。这一时期在第一阶段的基础上，以由朱镕基总理积极推动的国企改革为突破口逐步完善市场经济体制改革，并且在 2001 年以加入世界贸易组织为标志，代表了我国的改革开放进入了一个新的历史时期。第三阶段是 2001 年至今，这一阶段在第二阶段的基础上，进一步深入和完善改革开放战略。从我国由点及面、由局部到整体的改革开放来看，1978 年的"沿海率先改革开放战略"、2000 年的"西部大开发战略"、2009 年的"振兴东北老工业基地战略"以及"中部崛起战略"的相继提出和实施，标志着我国区域发展战略格局由局部制度变迁向整体制度变迁逐步推进。

在我国由点及面、由局部到整体的改革开放战略背景下，由于各地区改革开放的时间和空间布局的差异，全国各地区的发展存在相当大的差异，进而导致各地区在政策法规、市场经济进程、思想观念以及制度创新等方面存在较大的差异。从我国改革开放以来各地区制度变迁的方式来看，我国改革开放以来各地区的制度变迁既有由局部性制度变迁带动整体性制度变迁、又有渐进性制度变迁与诱致性制度变迁等特点。这种制度变迁的特点决定了我国各地区虽然从宏观上共享同样的成文法，但由于各地区在历史文化传统、自然资源、风俗习惯

---

① 根据新制度经济学的理论，制度变迁可以分为不同的类型，如整体性制度变迁与局部性制度变迁、激进式制度变迁与渐进性制度变迁、强制性制度变迁与诱致性制度变迁等。但在具体的制度变迁过程中，往往表现出多种制度变迁形式的综合。

等方面存在着显著的差异，尤其是我国渐进式的改革开放推进战略导致我国各地区之间的制度质量存在一定的差异，由此造成了地区之间的制度质量差异。

5.4　模型设定

制度的演变由习惯、行为准则、社会规范以及成文法等方面的演变构成。虽然经常遇到制度规则的突变，但实质上制度演进的过程及其影响是渐进的。对外直接投资作为对外经济的一个重要组成部分，显然，从理论上讲，制度对对外直接投资同样会产生深刻的影响。

制度分为正式制度和非正式制度，一国正式制度的特征如法治完备性和执法效率、产权保护程度、政府干预经济的方式等，都会直接影响市场运行机制和经济社会资源的配置效率。非正式制度主要包括社会普遍认可的传统习俗、文化意识、道德观念等（阎大颖、任兵、赵奇伟，2010）。由于非正式制度在测度上存在较大的困难，因此本书所选择的制度指的是正式制度。正式制度主要包括法律制度和经济制度。因此，为进一步研究我国对外直接投资的制度驱动，本书分别基于法律制度和经济制度来研究我国地区间对外直接投资差异形成机理的制度根源。

5.4.1　法律制度（*law*）

成熟的市场经济表明，完善的法律制度，尤其是完善的产权保护制度对于激发经济人充分参与市场经济竞争具有非常重要的作用。由于法律制度本身难以量化，本书使用知识产权保护程度来衡量法律制度环境。樊纲、王小鲁等计算过我国各地区部分年份知识产权保护程度，本书直接引用他们的数据，缺失年份的数据采用数据平滑的方法得到[①]。

5.4.2 经济制度

经济制度涉及的层次非常复杂，本书拟从市场化水平、对外开放度以及反映政府参与经济活动的程度即政府治理来反映各地区经济制度的差异及动态演变。

（1）市场化水平（*market*）：所谓市场化，是指正在进行的从计划经济向市场经济进行体制转轨的一个过程，这个过程不是简单的一项规章制度的变化，而是一系列经济、社会、法律以及政治制度的变革。由樊纲、王小鲁测算的"中国各地区市场化进程相对指数"是目前较权威的测量我国各地区市场化水平的指标体系，该指数综合权衡政府与市场的关系、非国有经济发展、产品市场的发育程度、要素市场的发育程度及市场中介组织发育等方面的演进进程，通过赋以相应的权重，测算出我国各地区的市场化相对指数。本书直接引用樊纲、王小鲁的计算结果。

（2）对外开放度（*open*）：在开放经济背景下，一个地区的对外开放政策直接影响该地区参与国际分工的广度和深度。对外贸易制度难以度量，但是可以利用各地区对外开放度这个指标间接反映一个地区的对外贸易制度。因此，本书采用对外开放度来衡量对外贸易制度，其数据由我国各地区对外贸易额与吸引外商直接投资之和占 GDP 的比重来衡量。

（3）政府治理（*govern*）：政府在市场经济过程中处于比较重要的地位，衡量政府治理的指标比较多，基于中国从计划经济向市场经济转轨的这一特殊时期，本书采用地区财政支出占当地生产总值的比重来衡

---

① 樊纲、王小鲁的《中国市场化指数——各地区市场化相对进程 2011 年报告》以调查数据为依据，该报告包含诸如政府对企业的干预、商品市场的地方保护、市场中介组织的发育、产品市场的发育等分项指标，对这些分项指标打分后再加权平均，得到最后的数据。由于完成该数据所需的调查研究任务重、难度大，本书作者难以独立完成，因此，本书关于各地区"知识产权保护程度"的数据直接引用《中国市场化指数——各地区市场化相对进程 2011 年报告》的相关数据。

量政府参与经济的程度。一般来说，在转型经济体系中，地区财政支出占当地生产总值的比重高，表明政府参与经济的程度和力度深；反之，如果地区财政支出占当地生产总值的比重低，表明政府参与经济的程度和力度不深，市场机制在经济社会的发展中起到更大的作用。

5.4.3　控制变量

人力资本（*human*）：本书选择人力资本作为模型的控制变量。人力资本水平可以反映该地区人力资源的丰沛程度，理论上会对该地区的对外直接投资产生一定的影响。关于人力资本代理变量的选取[①]，本书使用劳动力平均受教育年限来衡量各地区人力资本水平。该方法以 6 岁及以上人口为总样本，假定各级别教育的教育年限分别为文盲 0 年、小学 6 年、初中 9 年、高中 12 年、大专及以上 16 年，各地区人均受教育年限的计算公式为：小学比重 ×6 + 初中比重 ×9 + 高中比重 ×12 + 大专及以上比重 ×16（江珂、卢现祥，2011）。人力资本的计算如式 5.1 所示：

$$human = 6 \times Ratio_{primary} + 9 \times Ratio_{junior} + 12 \times Ratio_{senior} + 16 \times Ratio_{college} \qquad (5.1)$$

在式 5.1 中，*human* 代表人力资本，$Ratio_{primary}$ 代表小学程度的人口所占比重，$Ratio_{junior}$ 代表初中程度的人口所占比重，$Ratio_{senior}$ 代表高中程度的人口所占比重，$Ratio_{college}$ 代表大专及以上程度的人口所占比重。

本章模型的被解释变量为我国各省份对外直接投资，为体现制度因素对我国各地区对外直接投资的长期累积效应，本书使用我国各地区对

[①]　关于人力资本的代理变量，学术界选择的标准较多。如早期主要利用劳动力数量指标、经济中各层次技术人员比重以及研发人员数量或比重、教育经费额等指标来衡量人力资本。这些指标虽然计算比较简单，但显得比较粗糙（徐大丰，2009）。后来，有学者认为，教育，尤其是正规的学校教育、干中学（Learning by Doing）等是生成人力资本的主要途径。因此，从人力资本积累的角度来衡量人力资本具有一定的科学性。这就是目前相对权威并且应用比较广泛的由 Barro 和 Lee（2000）提出的用劳动力平均受教育年限来度量各地区人力资本水平的方法。鉴于此，本书人力资本代理变量的选择就借鉴 Barro 和 Lee 的思想，采用劳动力平均受教育年限。

外直接投资的存量数据，资料来源于 2003～2011 年《中国对外直接投资统计公报》。全国样本各变量的统计性描述如表 5 - 1 所示。

表 5 - 1　全国样本各变量的统计性描述

变量	平均值	中位数	最大值	最小值	标准差
ln*ofdi*	9.5084	9.6389	13.7690	2.4849	1.9856
market	7.2261	6.9877	13.0623	2.6000	2.0739
law	6.7615	3.0300	51.5350	0.0400	9.4068
govern	16.8721	16.1300	45.0100	7.6800	6.4245
open	21.2356	8.0900	94.7300	3.0800	25.4692
human	8.2380	8.2166	11.1726	6.0405	0.9233

资料来源：利用 Eviews 6.0 将相关数据进行统计分析得到。

基于此，本书构建的计量经济模型为式 5.2：

$$\ln ofdi_{it} = \beta_0 + \beta_1 market_{it} + \beta_2 law_{it} + \beta_3 govern_{it} + \beta_4 open_{it} + \beta_5 human_{it} + \alpha_{it} + \varepsilon_{it} \quad (5.2)$$

为进一步研究各制度差异对我国地区间对外直接投资差异形成的影响及地区异质性，本书分别从全国样本、东部样本、中部样本和西部样本等视角进行计量分析。

5.5　计量分析

为体现各地区之间的个体异质性，本书的计量分析采用变截距模型。在回归变截距模型之前，首先利用 Hausman 统计量检验是应该采用固定效应模型还是随机效应模型。

5.5.1　全国样本计量分析

表 5 - 2 是全国样本回归结果。从表 5 - 2 可以看出，市场化水平的系数为正，并且在 Model 1～Model 5 中均通过了 1% 的显著性水平检验，

这说明市场化程度越高，越能促进我国的对外直接投资，即市场化水平对我国对外直接投资起到了促进作用。知识产权保护在 Model 2 ~ Model 5 中的系数均为负，并且都通过了 1% 的显著性水平检验，说明知识产权保护对我国对外直接投资起到了抑制作用，其可能原因一方面是我国目前还处于由计划经济向市场经济转轨的制度演进过程，很多企业尤其是非国有企业更习惯于通过"灰色渠道"的方式参与市场竞争，不太适应非常透明、非常公正的法律环境，从而导致了以知识产权保护为代表的法律制度的完善在一定程度上制约了我国的对外直接投资；另一方面，我国目前的投资目的地主要集中于亚洲地区，尤其是亚洲的一些发展中国家或地区，这些国家或地区本身的法律制度也不完善，比较适合我国企业目前以比较熟悉的法制环境参与对这些地区的直接投资。

表 5 - 2　全国样本对外直接投资影响因素的计量回归结果

解释变量	Model 1	Model 2	Model 3	Model 4	Model 5
C	1.4949 ***	0.4931	0.61227	0.6722	- 1.3742
	4.2563	1.2432	1.3926	1.5403	- 1.0343
$market$	1.1090 ***	1.3051 ***	1.1686 ***	1.1663 ***	1.1268 ***
	23.0121	20.9604	18.1169	17.8901	16.1365
law		- 0.06143 ***	- 0.0537 ***	- 0.0534 ***	- 0.0558 ***
		- 4.6236	- 4.1226	- 4.1378	- 4.2988
$govern$			0.0483 ***	0.0485 ***	0.0455 ***
			2.8928	2.9720	2.7137
$open$				- 0.0023	- 0.0059
				- 0.3282	- 0.7949
$human$					0.3003 *
					1.8264
Adjusted – R^2	0.8921	0.9034	0.7534	0.747663	0.7502
F 统计量	58.5612	63.9898	206.7165	150.6289	122.3082
Method	FE	FE	RE	RE	RE

注：表中各解释变量对应的第一行数值表示模型的回归系数，第二行数值代表 t 统计量；"＊＊＊"代表在 1% 水平上显著，"＊＊"代表在 5% 水平上显著，"＊"代表在 10% 水平上显著。

政府治理的系数为正，并且也都通过了1%的显著性水平检验，这说明政府参与经济程度越深，越能促进我国对外直接投资。可能的原因是目前我国的对外直接投资在很大程度上并不以利润最大化为导向，反而在相当程度上是由政府主导的带有政治性的对外直接投资，这可以从我国对外直接投资的主体是国有企业而非私营企业侧面印证。对外开放度的系数为负，但并未通过显著性检验，这说明以对外开放度为代表的对外贸易制度对我国对外直接投资并没有起到显著的影响。控制变量人力资本的符号为正，并且通过了10%的显著性水平检验，说明人力资本对我国对外直接投资起到了促进作用。

5.5.2 东部地区计量分析

表5-3是东部地区计量分析结果。可以看出，在Model 1～Model 5中，市场化水平的符号为正，并且均通过了1%的显著性水平检验，这说明市场化水平是东部地区对外直接投资的促进因素。知识产权保护的符号均为负，并且都通过了1%的显著性水平检验，这说明对东部地区而言，法律制度的完善，反而制约了东部地区的对外直接投资。其可能原因与全国样本类似：我国目前依然是处于转型期的发展中国家，各微观主体尚不完全适应市场经济的法制体系，而是习惯于通过不太规则的方式达到企业营利的目的。政府治理和对外开放度的系数虽然为正，但均没有通过10%的显著性水平检验，这说明政府治理和对外开放度对东部地区对外直接投资的作用不显著。人力资本的符号虽然为负，但也没有通过10%的显著性水平检验，这也说明人力资本对东部地区对外直接投资的作用不显著。

表5-3 东部地区对外直接投资影响因素的计量分析结果

解释变量	Model 1	Model 2	Model 3	Model 4	Model 5
C	2.5637***	0.3955	0.2063	0.0486	1.3102
	4.0521	0.4682	0.2388	0.0535	0.5520

解释变量	Model 1	Model 2	Model 3	Model 4	Model 5
market	0.9008 ***	1.2277 ***	1.1812 ***	1.1785 ***	1.1982 ***
	14.6387	11.5324	10.3947	10.3858	9.9365
law		− 0.0569 ***	− 0.0533 ***	− 0.0534 ***	− 0.0513 ***
		− 3.6250	− 3.3426	− 3.3466	− 3.1267
govern			0.0426	0.0398	0.0443
			1.1475	1.0783	1.1579
open				0.0049	0.0069
				0.5509	0.7083
human					− 0.1837
					− 0.5934
Adjusted − R^2	0.7380	0.7777	0.7803	0.7770	0.7773
F 统计量	215.1255	133.9711	90.9743	67.2119	54.0519
Method	RE	RE	RE	RE	RE

注：表中各解释变量对应的第一行数值表示模型的回归系数，第二行数值代表 t 统计量；"***"代表在 1% 水平上显著，"**"代表在 5% 水平上显著，"*"代表在 10% 水平上显著。

5.5.3 中部地区计量分析

表 5 - 4 是中部地区计量分析结果。从表 5 - 4 可以看出，市场化水平在中部地区样本模型中的符号依然为正，并且均在 1% 的水平上通过了显著性检验，这说明市场化水平对中部地区的对外直接投资起到了促进作用。知识产权保护、政府治理及对外开放度在中部样本模型中均没有通过 10% 的显著性检验。控制变量人力资本系数为正，且通过了 1% 的显著性水平检验，这说明人力资本对中部地区的对外直接投资起到了促进作用。

表 5 - 4　中部地区对外直接投资影响因素的计量分析结果

解释变量	Model 1	Model 2	Model 3	Model 4	Model 5
C	1.7943 ***	2.1008 ***	2.3807 **	2.4321 **	− 7.4194 **
	3.7498	2.9237	2.5129	2.5340	− 2.4224

解释变量	Model 1	Model 2	Model 3	Model 4	Model 5
market	1. 1198 ***	1. 0460 ***	1. 0494 ***	1. 0259 ***	0. 9799 ***
	15. 4198	7. 0831	7. 0431	6. 5296	6. 8407
law		0. 0668	0. 0988	0. 1129	− 0. 0402
		0. 5747	0. 7246	0. 8053	− 0. 3306
govern			− 0. 0247	− 0. 0421	− 0. 0046
			− 0. 4581	− 0. 6543	− 0. 0861
open				0. 0489	0. 0153
				0. 5051	0. 1782
human					1. 2184 **
					3. 2626
Adjusted − R^2	0. 8523	0. 8504	0. 8481	0. 8458	0. 7894
F 统计量	40. 7402	36. 2359	32. 4602	29. 3419	47. 4668
Method	FE	FE	FE	FE	RE

注：表中各解释变量对应的第一行数值表示模型的回归系数，第二行数值代表 t 统计量；"＊＊＊"代表在 1% 水平上显著，"＊＊"代表在 5% 水平上显著，"＊"代表在 10% 水平上显著。

5.5.4 西部地区计量分析

表 5 - 5 是西部地区计量分析结果。从表 5 - 5 可以看出，市场化水平依然是西部地区对外直接投资的促进因素。知识产权保护的系数虽然为正，但并未通过 10% 的显著性水平检验；政府治理的系数为负，也未通过显著性检验。对外开放度的系数为正，且通过了 10% 的显著性水平检验，说明对外开放度在西部地区对外直接投资中起到了显著的促进作用。控制变量人力资本没有通过显著性检验，说明人力资本对西部地区对外直接投资的作用不显著。

表 5 - 5　西部地区对外直接投资影响因素的计量分析结果

解释变量	Model 1	Model 2	Model 3	Model 4	Model 5
C	− 0. 0226	0. 2284	0. 3729	0. 0419	4. 0946
	− 0. 0358	0. 2999	0. 4552	0. 0512	1. 1414

解释变量	Model 1	Model 2	Model 3	Model 4	Model 5
market	1.4821***	1.4146***	1.4606***	1.4463***	1.5814***
	13.6222	8.9738	7.9761	8.0868	7.4275
law		0.0575	0.0698	0.0475	0.0848
		0.5945	0.6952	0.4808	0.8190
govern			−0.0192	−0.0398	−0.0362
			−0.5038	−1.0263	−0.9334
open				0.1342*	0.1238*
				1.8869	1.7321
human					−0.6538
					−1.1600
Adjusted−R²	0.8695	0.8679	0.8659	0.8724	0.8732
F 统计量	46.8977	41.7284	37.4136	36.3144	33.8563
Method	FE	FE	FE	FE	FE

注:表中各解释变量对应的第一行数值表示模型的回归系数,第二行数值代表 t 统计量;"***"代表在1%水平上显著,"**"代表在5%水平上显著,"*"代表在10%水平上显著。

5.6　小结

本书分别基于经济制度和法律制度的角度实证研究了我国对外直接投资形成的制度根源。为了甄别制度对对外直接投资影响的地区异质性,文章还通过将全国样本细化为东部样本、中部样本和西部样本的方式,研究了制度对我国三大地区对外直接投资的影响。结果显示,从全国样本来看,市场化水平、政府治理对对外直接投资起到了促进作用,知识产权保护则起到了抑制作用。从东部地区来看,市场化水平和知识产权保护分别对其对外直接投资起到了促进和抑制作用。从中部地区来看,市场化水平对中部地区对外直接投资起到了促进作用。从西部地区来看,市场化水平和对外开放度均对西部地区对外直接投资起到了促进作用。控制变量人力资本对全国和中部地区的对外直接投资起到了促进作用。

6 中国对外直接投资的逆向技术溢出效应

一个国家或地区通过对外直接投资，根据其主要目的的不同可以划分为能源寻求型、市场占有型、壁垒规避型、战略利用型及技术寻求型。与发达国家对外直接投资主要以市场占有型及战略利用型为主不同，技术寻求型是发展中国家对外直接投资的一个重要目的。也就是说，发展中国家或地区对外直接投资的一个重要目的就是通过对外直接投资，进一步扩大对外开放，充分利用对外直接投资的逆向技术溢出效应[①]，进而推动本国的技术创新。

我国通过对外直接投资获得逆向技术溢出效应的效果如何，是摆在我们面前亟待研究的重要课题。尤其在国际金融危机及欧债危机继续深度影响全球经济及我国亟待调整升级产业结构的背景下，加强我国对外直接投资的逆向技术溢出效应研究，具有比较重要的理论意义和现实意义。

6.1 问题的提出

近年来，我国已逐步形成"对外贸易 – 外商直接投资 – 对外直接

---

① 技术溢出效应对应于不同的国际技术溢出渠道，有不同的叫法。对于外商直接投资和对外贸易，一般叫技术溢出效应，而对于对外直接投资，则叫逆向技术溢出效应或反向技术溢出效应。

投资"三位一体的对外开放新格局。由此,我国通过对外开放获得国际技术溢出的渠道逐渐扩展为对外直接投资、对外贸易及外商直接投资。因此,有必要在研究我国地区间对外直接投资的逆向技术溢出效应时,充分考虑目前我国通过对外开放的主要国际技术溢出渠道(对外直接投资、对外贸易、外商直接投资)对我国区域技术创新的溢出效应。

关于对外贸易的技术溢出效应,目前国内研究得比较充分,多数成果认为我国对外贸易产生了显著的技术外溢效应(曹玉平,2012;周经、刘厚俊,2011)。关于外商直接投资的技术溢出效应,目前的研究成果也比较多,但得出的结论并未形成共识,如有学者认为外商直接投资存在技术的外溢效应(金艳清、卢晓勇、罗卯英,2012),有学者认为外商直接投资无明显的技术外溢效应(吴建新,2011;王艳丽、刘传哲,2010),还有学者认为对外直接投资对我国技术创新的影响存在地区差异(徐亚静、王华,2011)。近年来,关于我国对外直接投资逆向技术溢出效应的研究结论也不一致。如刘伟全(2010)的研究表明对外直接投资对我国技术进步没有显著的促进作用,阚大学(2010)认为具有较小的逆向技术溢出效应,白洁(2011)则认为具有显著的促进作用。

总体来看,目前国内对技术溢出效应的研究还存在以下两点不足:第一,对国际贸易及外商直接投资对我国的技术溢出效应研究得比较充分,而对我国对外直接投资逆向技术溢出效应的研究还不够深入,而且已有的研究结论并不统一;第二,研究单一国际技术溢出渠道对我国技术创新影响的成果较多,而将主要国际技术溢出渠道纳入一个分析框架进行比较研究的还较少。实际上,只研究单一国际技术溢出渠道对技术创新的影响易产生计量模型的系统性偏误。

因此,将主要国际技术溢出渠道纳入同一个分析框架进行综合性的比较研究,显得非常必要。鉴于此,本书在前期研究的基础上进行了如下拓展：理论上，我国地区间的对外直接投资对我国的技术创新产生逆向技术溢出效应，但这种影响的方向及强度究竟如何，本书利用面板数据模型对这一命题进行实证检验；借鉴 CH 模型及 LP 模型，将主要国际技术溢出渠道纳入同一个分析框架，比较研究对外直接投资与其他主要国际技术溢出渠道对我国技术创新的影响。

6.2　影响机理、模型构建及变量描述

6.2.1　影响机理

关于国际技术溢出的主要渠道，国内外学术界已经做过大量的理论和实证研究。在改革开放初期，我国的国际技术溢出渠道主要体现为国际贸易，即通过产品的进出口获得国际先进技术的外溢，进而达到提高技术创新的目的。随着吸引外商直接投资的增多和对外直接投资的逐步发展，国内外经济融合日益增多，国际技术溢出路径也逐渐扩展为"对外贸易－外商直接投资－对外直接投资"全方位、多领域的立体型国际技术溢出渠道。

国际技术溢出渠道对技术创新影响的作用机理，可以通过人员流动效应、学习和模仿效应以及需求倒逼效应等途径得以实现。国际技术溢出渠道对技术创新影响的作用机理如图 6－1 所示。

1. 人员流动效应

在开放经济条件下，国内外企业之间的交流和合作得以加强，产品技术人员、企业营销人员以及高层管理人员能比较自由地在国内外企业之间流动。这种人员的流动能够促使不同企业之间的管理水平得以融合、新技术在更广范围内得以应用，从而起到先进技术通过人员流动的方式溢出的作用，尤其是跨国公司带来的先进技术和管理经验通过技

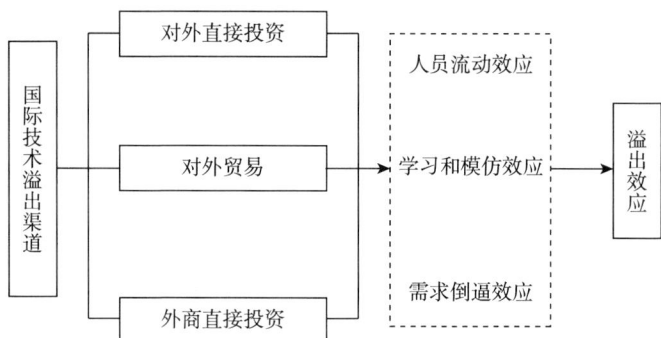

图 6 - 1　国际技术溢出渠道对技术创新影响的作用机理

人员、管理人员在企业之间的流动外溢到发展中国家的企业中。

2. 学习和模仿效应

发达国家是世界先进技术的原创国，其跨国公司由于具有得天独厚的优势，首先掌握了这些最先进的技术。发达国家的跨国公司基于自身发展战略的需要，通过对外直接投资以内部化的方式实现技术的跨国转移，这种转移会对发展中的东道国造成技术溢出效应。如发展中国家吸收来自发达国家的外商直接投资，国内的竞争性企业通过搜集跨国公司新技术的基础知识，并通过学习和模仿发达国家外资企业的先进技术，且随着技术变革的发展将这些先进技术逐渐演变成标准技术，从而使得自身逐渐掌握这些新技术，即通过学习和模仿使得技术产生了溢出效应。如二战后的日本，就是通过不断学习和模仿发达国家的先进技术，加上自己在此基础上的不断创新，逐步演变成了世界技术强国。

3. 需求倒逼效应

发展中国家的企业在只满足国内的市场需求时往往缺乏足够的寻求技术创新的压力和动力，而当发展中国家的出口企业将产品出口到其他国家尤其是发达国家时必须满足发达东道国的技术水平和技术标准，这客观上"倒逼"发展中国家的出口企业或跨国公司不断寻求技术创新。同时，由于发达国家的市场需求档次提升较快，产品更新换代时间较短，这更"倒逼"发展中国家的企业充分利用各种国际技术溢出渠道，积极接受技术外溢成果，从而达到提升技术创新水平的目的。

通过国际技术溢出渠道产生的技术外溢对发展中国家技术创新产生影响是一个系统而综合的过程，其中的人员流动效应、学习和模仿效应以及需求倒逼效应往往综合发生作用。但不同国家或地区由于政策环境存在差异、以人力资本为代表的吸收能力存在较大的不同，以及各种国际技术溢出渠道的规模存在较大的差异，导致国际技术溢出渠道对不同国家或地区技术创新的影响也不尽相同。有些国家或地区甚至由于自身的技术基础比较薄弱，不仅难以充分接受技术外溢，而且有可能丧失了自主创新的机遇，导致长期被锁定在国际技术链条的底端。因此，国际技术溢出渠道对技术创新的影响并不是简单的直线型单向作用关系，而是既受到国际技术溢出渠道自身的影响，还受到技术接收方接受能力的制约，这种复杂的互动关系往往影响吸收国际技术外溢的效果。发展中国家的许多案例也表明发展中国家吸收的国际创新知识效果有时与预期目标存在一定的差距。

6.2.2 模型构建

国际上最早采用 R&D 溢出模型的是 Coe 和 Helpman（1995），Coe 和 Helpman 针对 OECD 国家的研究表明，通过进口贸易获得的国外 R&D 溢出显著地促进了这些国家全要素生产率的增长。由于 Coe 和 Helpman 在此领域所做的开创性工作，后人将此模型称为 CH 模型，并在此基础上将 CH 模型进行了扩展。其中，将 CH 模型进行扩展研究最出名的是 Frank Lichtenberg 和 Van Pottelsberg（1998），他们修正了 CH 模型的"总量偏差"，并以欧美 11 个国家和地区为样本，对进口贸易、外商直接投资及对外直接投资三种途径所导致的 R&D 对本国全要素生产率的增长进行了测算，研究结果较好地印证了之前的假设。由于 Frank Lichtenberg 和 Van Pottelsberg 在该领域做出的突出贡献，后人将他们的这个模型命名为 LP 模型。目前，CH 模型和 LP 模型已成为分析国际技术溢出的重要理论框架，并被广泛应用于实证研究。

本书借鉴 CH 模型和 LP 模型的研究思路和方法，将国际技术溢出渠道细分为对外直接投资、对外贸易及外商直接投资，并将这三种国际技术溢出渠道纳入同一个研究框架，实证比较它们的技术溢出效应对我国技术创新的作用效果。根据研究的需要，本书采用 Cobb – Douglas（柯布 – 道格拉斯）型国际 R&D 技术溢出效应模型：

$$Y_{i,t} = f(Ofdi_{i,t}, Fdi_{i,t}, Fdi_{i,t}) = A(t) Ofdi_{i,t}^{\alpha} Trade_{i,t}^{\beta} Fdi_{i,t}^{\gamma} \tag{6.1}$$

在式 6.1 中，$Y_{i,t}$ 表示 i 省第 t 年的技术创新产出，$A(t)$ 为综合技术水平，$Ofdi_{i,t}$ 表示 i 省第 t 年的对外直接投资，$Trade_{i,t}$ 表示 i 省第 t 年的对外贸易，$Fdi_{i,t}$ 为 i 省第 t 年的外商直接投资。α、β、γ 分别表示对外直接投资、对外贸易及外商直接投资的技术创新弹性系数。

为减轻计量模型的异方差性，并显示变量之间的弹性系数关系，可以将式 6.1 的两边进行取对数处理，从而得到本书计量分析的基准模型：

$$\ln Y_{i,t} = \beta_0 + \beta_1 \ln Ofdi_{i,t} + \beta_2 \ln Trade_{i,t} + \beta_3 \ln Fdi_{i,t} + u_{i,t} \tag{6.2}$$

6.2.3 变量描述及资料来源

1. 被解释变量

国际技术溢出渠道的技术溢出效应，难以通过指标进行直接测度。学术界多通过利用国际技术溢出渠道对技术创新的影响来间接测度其溢出效应。本书亦采用这一思路展开研究。

关于技术创新，国内外采用的衡量指标具有较大的差异[①]。综合比

[①] 关于技术创新，国内外利用最多的衡量指标主要有专利授权量及 R&D 投入。专利作为衡量技术创新的一个重要指标，与其自身的优点有关，其优点主要有：一是任何指标作为一种衡量标准，必须具备数据的易得性、完整性和准确性，而专利恰好具备这些条件；二是专利测度的是技术的产出，且专利化的技术正处在市场的边缘，具有潜在的市场价值，因此，它与技术创新最为接近；三是专利几乎涵盖所有的技术领域，是不同地区对技术创新的一种同质测度。而 R&D 投入是技术创新的投入指标而非技术创新的产出指标。

较各种衡量指标的优缺点，并通过借鉴其他学者的已有研究，本书选择专利授权量作为技术创新的代理变量。专利根据其创新层次、技术含量的差异，分为发明、实用新型和外观设计三种形式。其中，发明专利的原创性最高，被称为原创型技术创新，而实用新型和外观设计的原创性较低，常被称为模仿型技术创新。为区分技术创新程度的差异，本书将技术创新划分为原创型技术创新和模仿型技术创新。在进行计量分析时，本书分别将技术创新总量（即发明、实用新型和外观设计之和）、原创型技术创新（发明专利）、模仿型技术创新（实用新型与外观设计专利之和）三种形式作为被解释变量，这样做的目的是检验国际技术溢出渠道对不同层次技术创新影响的异质性。本书所使用的各省份发明、实用新型和外观设计专利的数据均来源于 2004 ~ 2012 年《中国统计年鉴》。

2. 解释变量

对外直接投资。由于 2003 年以前我国对外直接投资的规模非常小，不具统计意义，因此，考虑到数据的可得性和稳定性，本章面板数据模型的时间序列选择为 2003 ~ 2011 年。同时，由于我国各省份每年对外直接投资流量的波动性较大，并且为了体现对外直接投资对我国技术创新影响的累积效应，本书使用对外直接投资的存量数据。本章使用的各省份对外直接投资的存量资料来源于商务部公布的历年《中国对外直接投资统计公报》。

对外贸易。对外贸易对技术创新的促进作用国内外研究得比较充分，实证结果多数表明对外贸易的技术溢出效应对技术创新具有促进作用。本章使用的各省份对外贸易的资料来源于历年《中国统计年鉴》。

外商直接投资。关于外商直接投资对技术创新的技术溢出效应，目前学术界并没有达成共识。本书利用省际面板数据模型对外商直接投资对技术创新的影响再次进行检验，以丰富此类问题的研究。本书使用的各省份外商直接投资资料来源于 2004 ~ 2012 年《中国统计年鉴》、《新中国 60 年统计资料汇编》及各省份商务厅网站。

因此，本书根据被解释变量的不同分别设定如下三个计量模型：

$$\ln Patent_{i,t} = \beta_0 + \beta_1 \ln Ofdi_{i,t} + \beta_2 \ln Trade_{i,t} + \beta_3 \ln Fdi_{i,t} + u_{i,t} \tag{6.3}$$

在式 6.3 中，$\ln Patent_{i,t}$ 表示 i 省第 t 年的技术创新总量的对数（即发明专利、实用新型与外观设计之和的对数）。

$$\ln Invention_{i,t} = \beta_0 + \beta_1 \ln Ofdi_{i,t} + \beta_2 \ln Trade_{i,t} + \beta_3 \ln Fdi_{i,t} + u_{i,t} \tag{6.4}$$

在式 6.4 中，$\ln Invention_{i,t}$ 表示 i 省第 t 年的原创型技术创新的对数（即发明专利的对数）。

$$\ln Design_{i,t} = \beta_0 + \beta_1 \ln Ofdi_{i,t} + \beta_2 \ln Trade_{i,t} + \beta_3 \ln Fdi_{i,t} + u_{i,t} \tag{6.5}$$

在式 6.5 中，$\ln Design_{i,t}$ 表示 i 省第 t 年的模仿型技术创新的对数（即实用新型与外观设计之和的对数）。

在式 6.3、式 6.4、式 6.5 中，$\ln Ofdi_{i,t}$ 表示 i 省第 t 年对外直接投资存量的对数，$\ln Trade_{i,t}$ 表示 i 省第 t 年对外贸易额的对数，$\ln Fdi_{i,t}$ 为 i 省第 t 年外商直接投资额的对数。

各变量全国样本的统计性描述如表 6-1 所示。

表 6-1　各变量全国样本的统计性描述

变量	平均值	中位数	最大值	最小值	标准差
$\ln Patent$	8.1519	8.1809	11.3770	4.2485	1.2485
$\ln Invention$	6.0181	6.0884	9.3374	2.8332	1.3442
$\ln Design$	8.0024	8.0379	11.3140	3.8918	1.4363
$\ln Ofdi$	8.0610	8.3512	11.7301	3.0445	1.9999
$\ln Trade$	11.7039	11.9139	14.7511	7.3356	1.6783
$\ln Fdi$	14.2409	13.8304	18.0423	10.4316	1.6643

资料来源：根据 2004～2012 年《中国统计年鉴》《中国对外直接投资统计公报》的相关数据计算后，利用 Eviews 6.0 统计得到。

为进一步研究国际技术溢出渠道对我国技术创新影响的地区异质

性，本书分别基于全国样本、东部样本、中部样本和西部样本等视角进行计量分析。本章关于东部样本、中部样本和西部样本的划分与前文的划分标准保持一致。

6.3　实证分析

在进行面板数据模型回归之前，首先要对面板数据模型的形式进行判别，以避免模型误设，提高参数估计的有效性。面板数据模型主要分为随机效应模型（Random Effect Model，RE）和固定效应模型（Fixed Effect Model，FE）两种形式。对面板数据模型形式的选择主要是利用 Hausman 统计量检验。Hausman 统计量的原假设是随机效应模型，如果接受原假设，则应选择随机效应模型；如果拒绝原假设，则应选择固定效应模型。同时，为体现地区之间的异质性，本书的计量分析采用变截距模型。

6.3.1　全国样本计量分析

表 6 - 2 是全国样本国际技术溢出回归结果。从表 6 - 2 的 Model 1 ~ Model 9 可以看出，对外直接投资在分别以技术创新总量、原创型技术创新、模仿型技术创新为被解释变量的回归模型中，其系数为正，并且均在 1% 的水平上显著。这说明从全国层面来看，对外直接投资对我国的技术创新起到了显著的促进作用。从对外贸易来看，其系数均为正，并且也都通过了 1% 的显著性水平检验，这说明对外贸易对我国的技术创新也产生了显著的促进作用。从外商直接投资来看，虽然其系数均为正，但在三类技术创新为被解释变量的模型中，均没有通过显著性检验，这说明外商直接投资对我国的技术创新并没有起到显著的促进作用。其原因可能在于：从全国范围来看，我国引进的高端技术含量的外

商直接投资多以外商独资为主，这些外商独资企业只是利用我国丰富的人口资源和自然资源，而对我国的相关企业采取技术封锁战略，这就影响了外商直接投资的技术溢出效应。从全国层面来看，我国实施多年的"市场换技术"战略并没有达到预期目标。

表 6 – 2　国际技术溢出渠道全国样本回归结果

解释变量	被解释变量								
	技术创新总量			原创型技术创新			模仿型技术创新		
	Model 1	Model 2	Model 3	Model 4	Model 5	Model 6	Model 7	Model 8	Model 9
C	6.387***	– 1.358**	– 0.441	3.948***	– 3.572***	– 3.554***	6.273***	– 1.521**	– 0.466
	(45.58)	(– 2.06)	(– 0.50)	(26.65)	(– 4.72)	(– 4.78)	(46.39)	(– 2.18)	(– 0.49)
$\ln Ofdi$	0.129***	0.074***	0.084***	0.257***	0.112***	0.111***	0.215***	0.069***	0.081***
	(13.89)	(3.86)	(3.78)	(14.17)	(5.05)	(4.86)	(12.98)	(3.39)	(3.40)
$\ln Trade$		0.626***	0.537***		0.610***	0.603***		0.629***	0.527***
		(11.82)	(6.90)		(10.04)	(8.75)			(6.33)
$\ln Fdi$			0.0232			0.008			0.026
			(0.57)			(0.18)			(0.61)
Adjusted – R^2	0.9525	0.6929	0.9648	0.9303	0.9484	0.6738	0.9493	0.6609	0.9608
F 统计量	140.5406	228.8512	179.4352	94.0707	124.8391	140.0815	131.184	197.8722	160.7157
Hausman	p = 0.0000	p = 0.1740	p = 0.0101	p = 0.0000	p = 0.8240	p = 0.3118	p = 0.0000	p = 0.1461	p = 0.0077
Method	FE	RE	FE	FE	RE	RE	FE	RE	FE

注：表中各解释变量对应的第一行数值表示模型的回归系数，第二行数值代表 t 统计量；"＊＊＊"代表在 1% 水平上显著，"＊＊"代表在 5% 水平上显著，"＊"代表在 10% 水平上显著。

从对外直接投资和对外贸易的系数比较来看，对外直接投资的系数在 0.07 ~ 0.26 之间波动，这说明我国对外直接投资每变化 1% ，能带动我国技术创新 0.07% ~ 0.26% 的同向变动。而对外贸易的系数在 0.52 ~ 0.63 之间波动，这说明我国对外贸易每变动 1% ，能带动我国技术创新 0.52% ~ 0.63% 的同向变动。显而易见，对外贸易对我国技术创新的促进作用明显高于对外直接投资对我国技术创新的促进作用。

6.3.2 东部样本计量分析

表 6 - 3 是东部样本国际技术溢出回归结果。从表 6 - 3 可以看出，对外直接投资、对外贸易、外商直接投资对东部地区技术创新的作用机制和全国样本相似。对外直接投资和对外贸易对东部地区技术创新总量、原创型技术创新、模仿型技术创新均具有显著的促进作用，而外商直接投资对各类技术创新的系数虽然为正，但在 10% 的水平上不显著，这说明外商直接投资对东部地区无论是原创型技术创新还是模仿型技术创新均没有表现出显著的促进作用，也说明我国东部地区的"市场换技术"战略同样没有起到预期的效果。

表 6 - 3　国际技术溢出渠道东部样本回归结果

解释变量	被解释变量								
	技术创新总量			原创型技术创新			模仿型技术创新		
	Model 1	Model 2	Model 3	Model 4	Model 5	Model 6	Model 7	Model 8	Model 9
C	6.482***	- 2.679	- 2.840*	3.237***	- 7.798***	- 8.165***	6.445***	- 2.200	- 2.332
	(22.33)	(- 1.66)	(- 1.73)	(9.01)	(- 5.33)	(- 5.33)	(22.09)	(- 1.32)	(- 1.37)
$\ln Ofdi$	0.290***	0.124***	0.115***	0.397***	0.189***	0.174***	0.278***	0.122***	0.114**
	(9.16)	(3.19)	(2.76)	(10.15)	(4.49)	(3.83)	(8.75)	(3.03)	(2.65)
$\ln Trade$		0.671***	0.644***		0.817***	0.784***		0.636***	0.611***
		(5.75)	(5.09)		(7.57)	(6.57)		(5.24)	(4.67)
$\ln Fdi$			0.054			0.078			0.045
			(0.65)			(0.81)			(0.51)
Adjusted - R²	0.9487	0.9657	0.9638	0.9204	0.7771	0.7756	0.9496	0.9642	0.9638
F 统计量	128.9261	179.1973	156.5875	80.9331	133.5109	88.5738	131.2471	171.5944	156.5875
Hausman	p = 0.0000	p = 0.0476	p = 0.0293	p = 0.0019	p = 0.3340	p = 0.4814	p = 0.0000	p = 0.0599	p = 0.0159
Method	FE	FE	FE	FE	RE	RE	FE	FE	FE

注：表中各解释变量对应的第一行数值表示模型的回归系数，第二行数值代表 t 统计量；" * * * "代表在 1% 水平上显著，" * * "代表在 5% 水平上显著，" * "代表在 10% 水平上显著。

通过比较表 6 - 3 中对外直接投资和对外贸易的系数可以看出，对

115

外直接投资的系数多在 0.11 ~ 0.40 之间波动，对外贸易的系数在 0.61 ~ 0.82 之间波动。显然，在东部地区，对外贸易对技术创新的促进作用也大于对外直接投资对技术创新的促进作用。

6.3.3 中部样本计量分析

表 6 - 4 是我国中部样本国际技术溢出回归结果。通过表 6 - 4 可以看出，对外直接投资的系数为正，并且均在 1% 的水平上显著，这说明对外直接投资无论是对中部地区的原创型技术创新还是模仿型技术创新均具有显著的促进作用。对外贸易的系数为正，并且通过了 1% 的显著性水平检验。从系数来看，对外贸易对中部地区技术创新的促进作用大于对外直接投资对技术创新的促进作用。

表 6 - 4　国际技术溢出渠道中部样本回归结果

解释变量	被解释变量								
	技术创新总量			原创型技术创新			模仿型技术创新		
	Model 1	Model 2	Model 3	Model 4	Model 5	Model 6	Model 7	Model 8	Model 9
C	6.349***	0.197	0.459	4.038***	-1.791	-1.811	6.238***	-0.049	0.230
	(22.84)	(0.19)	(0.43)	(13.42)	(-1.53)	(-1.60)	(21.94)	(-0.05)	(0.21)
ln$Ofdi$	0.204***	0.085***	0.095***	0.241***	0.127***	0.141***	0.199***	0.077**	0.086***
	(8.47)	(3.06)	(3.27)	(9.47)	(4.13)	(4.62)	(7.94)	(2.65)	(2.80)
ln$Trade$		0.519***	0.521***		0.492***	0.576***		0.530***	0.520***
		(6.01)	(5.38)		(5.10)	(5.61)		(5.89)	(5.08)
lnFdi			-0.032			-0.106**			-0.017
			(-0.64)			(-2.03)			(-0.33)
Adjusted - R^2	0.5356	0.7014	0.8973	0.5914	0.7079	0.7250	0.5027	0.6741	0.8869
F 统计量	72.498	73.812	50.224	90.7377	76.1268	55.4849	63.6838	55.1203	45.2134
Hausman	p = 0.515	p = 0.241	p = 0.0043	p = 0.5933	p = 0.3106	p = 0.3330	p = 0.5090	p = 0.2653	p = 0.0011
Method	RE	RE	FE	RE	RE	RE	RE	RE	FE

注：表中各解释变量对应的第一行数值表示模型的回归系数，第二行数值代表 t 统计量；"＊＊＊"代表在 1% 水平上显著，"＊＊"代表在 5% 水平上显著，"＊"代表在 10% 水平上显著。

与全国样本和东部样本不同，在中部样本以原创型技术创新为被解释变量的模型中，外商直接投资的系数为负，并且在 5% 的水平上显著，而在以模仿型技术创新为被解释变量的模型中，外商直接投资的系数为负，但均未通过 10% 的显著性水平检验，这说明外商直接投资对中部地区原创型技术创新具有显著的抑制作用，而对模仿型技术创新没有起到显著的影响。外商直接投资对中部地区原创型技术创新具有抑制作用，其可能原因是外商在中部地区的直接投资主要以低技术含量的产业为主，这不仅导致外商直接投资没能发挥出技术溢出效应，又基于中部地区原创型技术创新缺乏技术支撑平台，使得中部地区原创型技术创新处于被"锁定"状态，进而导致了外商直接投资对中部地区原创型技术创新的抑制作用。

6.3.4 西部样本计量分析

表 6-5 是西部地区国际技术溢出回归结果。与全国、东部及中部地区样本不同，在西部地区的模型中，对外直接投资的系数除了在 Model 6 中为负以外，在 Model 1~Model 5 中均为正，但均未通过 10% 的显著性水平检验，这说明与其他地区不同，对外直接投资对西部地区的技术创新并没有起到显著的影响。而对外贸易的系数为正，除了在 Model 2 和 Model 4 中通过了 10% 的显著性水平检验，在其他模型中均通过了 1% 的显著性水平检验，这说明对外贸易对西部地区的技术创新具有显著的促进作用。

表 6-5　国际技术溢出渠道西部样本回归结果

解释变量	被解释变量					
	技术创新总量		原创型技术创新		模仿型技术创新	
	Model 1	Model 2	Model 3	Model 4	Model 5	Model 6
C	-1.228	1.202	-2.257	-0.596	-1.943	-3.462**
	(-0.75)	(0.64)	(-1.41)	(-0.35)	(-1.08)	(-2.29)

解释变量	被解释变量					
	技术创新总量		原创型技术创新		模仿型技术创新	
	Model 1	Model 2	Model 3	Model 4	Model 5	Model 6
$\ln Ofdi$	0.041	0.067	0.058	0.064	0.031	−0.018
	(0.33)	(1.49)	(1.44)	(1.56)	(0.66)	(−0.40)
$\ln Trade$	0.629***	0.337*	0.539***	0.294*	0.679***	0.720***
	(4.38)	(1.79)	(3.85)	(1.70)	(4.27)	(4.86)
$\ln Fdi$		0.115		0.144		0.132*
		(1.44)		(1.97)		(1.79)
Adjusted − R^2	0.5672	0.942	0.5783	0.9410	0.5205	0.5743
F 统计量	41.6388	92.9563	43.5206	90.9499	34.6503	28.8764
Hausman	$p=0.1286$	$p=0.0007$	$p=0.4862$	$p=0.0934$	$p=0.1201$	$p=0.0012$
Method	RE	FE	RE	FE	RE	FE

注：表中各解释变量对应的第一行数值表示模型的回归系数，第二行数值代表 t 统计量；"***"代表在 1%水平上显著，"**"代表在 5%水平上显著，"*"代表在 10%水平上显著。

与其他地区不同，西部地区的外商直接投资只在 Model 6 中通过了 10%的显著性检验，这说明外商直接投资只对西部地区的模仿型技术创新起到了促进作用，而对原创型技术创新并没有表现出显著的促进作用。出现这种现象的可能原因是近年来伴随着西部大开发的各项政策逐渐落实，西部地区对外开放的力度逐渐扩大，同时西部地区原有的技术基础比较薄弱使得西部地区引进的对外直接投资虽然对模仿型技术创新起到了一定的促进作用，但由于对重大技术依然难以消化吸收，使得外商直接投资对西部地区的原创型技术创新并没能起到显著的促进作用。

6.4　小结

针对已有研究的不足，本章在阐述技术溢出效应作用机理的基础上，将主要国际技术溢出渠道纳入同一个分析框架，借鉴国际上流行的CH 模型和 LP 模型，构建国际 R&D 技术溢出模型，比较研究对外直接投资与其他主要国际技术溢出渠道对我国技术创新的影响。

结果显示，从东部地区来看，对外直接投资和对外贸易均具有显著的技术溢出效应，而外商直接投资没有表现出显著的技术溢出效应。从中部地区来看，对外直接投资和对外贸易产生了技术溢出效应，外商直接投资不仅对模仿型技术创新没有促进作用并且还抑制了其原创型技术创新。从西部地区来看，对外直接投资没有产生技术溢出效应，对外贸易产生了显著的技术溢出效应，外商直接投资只对模仿型技术创新具有促进作用，而对原创型技术创新没有起到显著的促进作用。

因此，总体来看，对外直接投资和对外贸易对我国的技术创新起到了显著的溢出效应。比较而言，对外贸易对我国技术创新的溢出效应强于对外直接投资。外商直接投资对我国的技术溢出效应不仅存在地区差异，还与技术本身所属的创新层次有关，但总体来看，外商直接投资对我国多数地区的技术溢出效应不显著。

7 中国对外直接投资的
空间溢出效应

传统的经典计量经济学理论在研究区域经济问题时，未考虑区域间的空间相关性。近年来逐渐流行起来的空间计量经济学正好克服了这一缺陷，并逐渐成为区域经济学领域最为热门的研究方向之一，成为经济学和空间研究领域探索空间经济分布规律、解释空间经济现象、挖掘空间相关知识的重要途径和方法。

我国对外直接投资呈现出的空间集聚性特征背后所隐藏的机理，值得我们深入研究。我国地区间的对外直接投资是处于随机分布的状态，还是存在着相互依存、相互影响的关系，即我国地区间的对外直接投资是否存在着显著的空间溢出效应？对此问题的回答，可以深入认识我国对外直接投资的影响机制及内在机理。因此，本书利用空间计量经济学的相关前沿理论，综合运用模型驱动和数据驱动的研究方法，将空间相关性纳入分析模型并构建出规范的面板空间滞后模型和面板空间误差模型，实证研究我国对外直接投资的空间溢出效应。

7.1 空间相关性检测指标

我国对外直接投资空间集聚的现象虽然可以粗略地体现我国对外

直接投资的空间集聚性特征，也初步显示了我国地区间对外直接投资的集中度，但这种描述所体现的集中度未能为其是否具有统计意义上的显著性以及某一个地区的观测值与邻近地区观测值之间是否具有相关关系，提供更科学的信息。因此，如果要进一步科学地分析我国地区间对外直接投资的空间溢出效应，还需要利用空间计量经济学的理论进行深入分析。

空间依赖是经济现象在地理空间上的相互依赖、相互制约、相互影响及相互作用，也是区域空间经济现象和空间相互作用的本质特征。空间依赖意味着经济变量的各个观测值由于空间效应而在地理上集聚，这种集聚意味着空间要素由于外溢效应而存在着相互影响、相互作用（顾乃华、朱卫平，2010）。因此，Tobler（1970）针对空间依赖这种普遍存在的经济地理现象提出了地理学第一定律：任何事物在空间上都是关联的。地理距离越近，则地理经济现象的相互关联程度越高；地理距离越远，则地理经济现象的互相关联程度越低。依赖性的形成主要有两个原因：一是空间经济及社会要素在地理空间之间的溢出效应，一是空间界限导致的区位、距离对空间经济特征的影响（沈体雁、冯等田、孙铁山，2010）。由此，Anselin 在 1988 年将这种空间依赖性描述为式 7.1：

$$y_i = f(y_1, y_2, \cdots, y_{i-1}, y_i, y_{i+1}, \cdots, y_n) \tag{7.1}$$

在式 7.1 中，y_i 表示经济地理变量在第 i 个空间单元上的观测值。

在空间计量经济学的分析框架中，对空间依赖进行测度的指标主要通过空间自相关性分析得以实现。空间自相关性分析（聚类分析）是认识空间分布特征、探索经济现象空间效应的常用方法。空间自相关分析通常被用来分析地理数据在整个体系内体现出的分布规律或特征，这种特征一般称为全局空间相关性。度量全局空间相关性的指标通常有Moran'I 指数及 Geary'C 指数等。

7.1.1 Moran'I 指数

Moran'I 指数的计算如式 7.2：

$$Moran'I = \frac{n \sum_{i=1}^{n} \sum_{j=1}^{n} \omega_{ij}(x_i - \bar{x})(x_j - \bar{x})}{\sum_{i=1}^{n} \sum_{j=1}^{n} \omega_{ij} \sum_{i=1}^{n} (x_i - \bar{x})^2} = \frac{\sum_{i=1}^{n} \sum_{j \neq i}^{n} \omega_{ij}(x_i - \bar{x})(x_j - \bar{x})}{S^2 \sum_{i=1}^{n} \sum_{j=1}^{n} \omega_{ij}} \qquad (7.2)$$

在式 7.2 中，n 是研究区内的地区总数；x_i 和 x_j 分别是区域 i 和区域 j 的属性数值；$\bar{x} = \frac{1}{n} \sum_{i=1}^{n} x_i$ 是各地区属性的平均值；$S^2 = \frac{1}{n} \sum_i (x_i - \bar{x})^2$ 是属性的方差，ω_{ij} 是空间权重矩阵。

Moran'I 指数可以看作观测值与它的空间滞后（Spatial Lag）之间的相关系数。变量 x_i 的空间滞后是 x_i 在临域 j 的平均值，常被定义为式 7.3：

$$x_{i,-1} = \sum_j \omega_{ij} x_{ij} \bigg/ \sum_j \omega_{ij} \qquad (7.3)$$

因此，Moran'I 指数的取值在 -1 到 1 之间，大于 0 表示正相关，数值接近 1 表示具有相似属性的区域集聚在一起（即高值与高值相邻或者低值与低值相邻）；小于 0 表示负相关，数值接近 -1 表示具有相异属性的地区集聚在一起（即高值与低值相邻或者低值与高值相邻）。如果 Moran'I 指数接近 0，则表示属性是随机分布的。

根据 Moran'I 指数的实际结果，一般可以依据正态分布假设检验区域之间自相关关系的存在性，这种正态分布假设的标准化形式如式 7.4：

$$Z(d) = \frac{Moran'I - E(I)}{\sqrt{VAR(I)}} \qquad (7.4)$$

根据空间数据的分布可以计算正态分布 Moran'I 指数的期望值及方差分别为：

$$E_n\ (I)\ =\ -\frac{1}{n-1} \tag{7.5}$$

$$VAR_n\ (I)\ =\frac{n^2\omega_1+n\omega_2+3\omega_0^2}{\omega_0^2\ (n_2-1)}-E_n^2\ (I) \tag{7.6}$$

在式 7.6 中，$\omega_0\ =\ \sum\limits_{i=1}^{n}\sum\limits_{j=1}^{n}\omega_{ij}$，$\omega_1\ =\ \frac{1}{2}\sum\limits_{i=1}^{n}\sum\limits_{j=1}^{n}\ (\omega_{ij}+\omega_{ji})^2$，$\omega_2\ =$ $\sum\limits_{i=1}^{n}\ (\omega_{i.}+\omega_{.j})^2$。其中，$\omega_{i.}$ 和 $\omega_{.j}$ 分别为空间权重矩阵中 i 行和 j 列之和。

式 7.4 和式 7.5 可以用来检测地区之间自相关关系的存在性。如果通过了显著性检验，则表明地区之间具有显著的相关关系。否则，不存在空间自相关关系。

7.2.2　Geary'C 指数

Geary'C 指数也是全局相关性检验的一个指数。与 Moran'I 指数不同的是：Moran'I 指数计算时使用的是中值离差的叉乘，Geary'C 指数强调的是观察值之间的离差，被定义为式 7.7：

$$Geary'C\ =\frac{(n-1)\sum\limits_{i=1}^{n}\sum\limits_{j=1}^{n}w_{ij}(x_i-x_j)^2}{2\sum\limits_{i=1}^{n}\sum\limits_{j=1}^{n}w_{ij}\sum\limits_{i=1}^{n}\left(x_i-\frac{1}{n}\sum\limits_{i=1}^{n}x_i\right)^2} \tag{7.7}$$

Geary'C 指数的取值一般在 0 到 2 之间（2 不是一个严格的上界），大于 1 表示负相关，等于 1 表示不相关，小于 1 表示正相关。因此，Geary'C 指数与 Moran'I 指数正好相反。

由于 Moran'I 指数比 Geary'C 指数更不易受偏离正态分布的影响，因此，Moran'I 指数在检测全局空间相关性时被运用得最为普遍，它主要用来检验整个研究区中临近地区间是相似、相异（空间正相关、空间负相关），还是相互独立的（沈体雁、冯等田、孙铁山，2010）。为此，本书选择 Moran'I 指数作为衡量我国地区间对外直接投资空间相关性的衡量指标。

7.2 空间权重矩阵的设定

在进行空间计量经济学分析时，首先需要解决的是如何定义和表达空间相互关系，这就涉及空间权重矩阵的设定问题。在实证研究中，空间权重矩阵一般被假定为外生，它包含了关于区域之间空间关联性的外生信息。W 中对角线上的元素 W_{ij} 被设定为 0。同时，为了削弱区域间的外在影响，空间权重矩阵 W 一般被标准化处理。

空间权重矩阵的设定方法比较多，一般根据现实的地理空间关联或经济关联，分为两种方式：临近指标和距离指标。按照这两种方法确定的 W_{ij} 为二进制的临近空间权重矩阵，表示其中的任一元素，采用临近标准或距离标准（吴玉鸣，2007）。

7.2.1 基于临近概念的空间权重矩阵

基于临近概念的空间权重矩阵的设定方式多采取地理空间是否相邻作为判定的标准。基于临近概念的空间权重矩阵有一阶临近矩阵和高阶临近矩阵两种形式。

在一阶临近空间权重矩阵中，当两个地区之间存在共同边界，则说明存在空间关联性，否则不发生空间关联。一阶临近空间权重矩阵又有 Rook 空间临近和 Queen 空间临近两种计算形式。Rook 空间临近是指当仅有共同边界时才定义为邻居，而 Queen 空间临近的判定是指不仅拥有共同边界可以界定为空间临近，而且如果地区是拥有共同顶点的邻居时也可以判定为空间临近。显然，与 Rook 空间临近相比，Queen 空间临近在判定临近关系时会拥有更多的邻居。高阶临近矩阵最早由 Anselin 和 Smirnov 在 1996 年提出。高阶临近矩阵与一阶临近矩阵相比，消除了在创建空间权重矩阵时所造成的冗余及循环等缺陷（吴玉鸣，2007）。

由于基于临近概念的空间权重矩阵原理明晰、数据获得较易以及具有非常强的可操作性，因此，在实际的空间计量分析中，该种方式确定的空间权重矩阵得到了非常广泛的应用。

7.2.2 基于距离的空间权重矩阵

基于距离的空间权重矩阵的设置，其主要假设是两个地区的经济中心或政治中心之间的距离长短与空间溢出效应的强度成反比。如果两个地区的经济中心或政治中心距离越短，则表明两个地区的空间关联性越大；反之，则表明两个地区的空间关联性越小。因此，基于距离的空间权重矩阵的权重取值随距离设定的不同而发生变化。在实际的实证研究中，国内外学者多采取两地的经济中心或政治中心距离的倒数或者两地区经济中心或政治中心距离平方的倒数的函数形式。

7.2.3 经济社会空间权重矩阵

近年来，国内外一些学者开始尝试从经济社会角度来设定空间权重矩阵。如有学者利用地区之间的经济发展水平来设置空间权重矩阵，具体的做法是用两地区之间经济发展水平（多用人均 GDP 来衡量）差距的绝对值的倒数来衡量地区之间的相关性，这种设置方法的假设是两个地区的经济发展水平越接近，则空间关联性越强，否则越弱。还有学者利用地区之间的贸易流动、劳动力流动及区域间交通运输流量等经济社会变量来设置空间权重矩阵。

目前，对空间权重矩阵的设定尚没有成熟的参考标准可以借鉴，在实证研究中通行的做法是根据计量模型的拟合优度及估计结果对现实经济进行解释。当然，最主要的设定依据还是计量回归结果是否具有科学性（吴玉鸣，2007）。基于数据的可得性和可操作性以及我国地区间对外直接投资空间集聚的客观状态，本书将空间权重矩阵设置为二进制的临近空间权重矩阵：如果两个地区在地理上接壤则设置为1，否则设置为0。[①]

7.3　空间效应模型

空间相关性分析虽然可以初步检测各地区之间是否存在空间效应，但对各地区之间存在集群效应的成因以及影响因素并未做出定量分析。对于这个问题的探讨，需要构建空间计量分析框架，利用空间滞后模型（Spatial Lag Model，SLM）或空间误差模型（Spatial Errors Model，SEM）加以深入研究。

7.3.1　空间滞后模型（Spatial Lag Model，SLM）

空间滞后模型主要探测目标变量在地区之间是否具有空间扩散效应，即区域之间的溢出效应，可以表达为式7.8：

$$Y = \rho WY + X\beta + \varepsilon \qquad (7.8)$$

在式7.8中，Y为被解释变量，X为$n \times k$的外生解释变量矩阵；ρ为空间相关关系系数；W为$n \times n$阶的空间权重矩阵；WY为空间滞后因变量；ε为随机误差项向量。

空间滞后模型表明本地区的对外直接投资不仅受到核心外生变量的影响，还受到临近地区对外直接投资的影响。如果设置的空间滞后模型正确并且通过了各种显著性检验，则表明地区间的对外直接投资存在着

---

① 由于海南省为我国的一个岛屿，从陆地角度来讲，海南省与我国其他省份均不接壤。但考虑到海南省在历史上及经济上与广东省有非常强的联系，并且海南省与广东省隔海相望，离广东省的直线距离最近。因此，本书在设定空间权重矩阵时，把海南省与广东省以地理接壤来处理。

水平作用，各地的对外直接投资在地理空间上存在着显著的空间交互作用或空间的相互影响（吴玉鸣，2012）。

7.3.2 空间误差模型（Spatial Errors Model，SEM）

空间误差模型与空间滞后模型存在一个显著的差异，这个差异就是空间误差模型假设空间效应存在于扰动误差项中。其具体表达式为：

$$Y = X\beta + \varepsilon \tag{7.9}$$

$$\varepsilon = \lambda W \varepsilon + \mu \tag{7.10}$$

在式 7.9 和式 7.10 中，ε 为随机误差项向量，λ 为 $n \times 1$ 阶的因变量向量的空间误差系数，参数 λ 衡量了样本观察值空间误差模型的空间依赖关系；μ 为正态分布的随机误差向量；参数 β 反映了自变量对因变量的影响。

因此，空间误差模型的空间影响存在于误差随机项中，实际上反映的是临近地区对外直接投资的误差冲击对本地区对外直接投资的影响。

综上所述，空间滞后模型主要探讨各变量地区间的空间溢出效应，即地区空间之间的交互作用和相互影响，而空间误差模型主要度量临近地区因变量的误差冲击对本地区观察值的影响。同时，由于传统的最小二乘法估计（OLS）假设观测值之间是独立分布的，相互之间没有相关性，但空间计量经济学将空间自相关纳入模型中，显然违背了经典 OLS 估计的前提条件。因此，为避免这个问题，需要通过工具变量法、极大似然估计法或广义最小二乘法等进行空间计量模型的估计（吴玉鸣，2007）。

7.3.3 SLM 和 SEM 模型的选择

由于事先无法判断究竟应该选择 SLM 模型还是选择 SEM 模型，因此，需要根据一套科学的规则来进行两个模型之间的挑选。Anselin 和 Florax（1995）提出的标准近年来被广泛引用，该标准为：除了拟合优

度 R^2 可以用来判定之外，常用的检验统计量还有：自然对数似然函数值（Log Likelihood，LogL）、似然比率（Likelihood Ratio，LR）、赤池信息准则（Akaike Information Criterion，AIC）、施瓦茨准则（Schwartz Criterion，SC）等。若 LogL 越大，AIC 和 SC 值越小，则模型拟合效果更好（吴玉鸣，2007）。

截面空间计量模型充分考虑了空间相关性，从而具有独特的优势，但截面空间计量模型的数据量少，导致自由度过低；面板数据模型虽然既考虑了时间因素又考虑了截面因素，但普通面板数据模型未考虑空间相关性。因此，截面空间计量模型和普通面板数据模型既有优点，又有各自的缺点。因此，本书为了充分发挥截面空间计量模型和普通面板数据模型的优点，将分别建立空间滞后面板数据模型和空间误差面板数据模型对中国地区间对外直接投资差异的空间溢出效应进行研究。

7.4 变量和数据

7.4.1 被解释变量

本书的被解释变量为对外直接投资。本书使用对外直接投资的存量数据，其原因在于：其一，流量数据的波动性较大，不平稳，如使用流量数据难以得到稳定、可靠的结果，而存量数据正好克服了这一缺陷；其二，存量数据能反映各地区对外直接投资的累积效应。本书使用的对外直接投资存量资料来源于 2003～2011 年《中国对外直接投资统计公报》。

7.4.2 解释变量

（1）经济发展水平（*Pgdp*）：我国的对外直接投资是在发展中大国

的背景下进行的，理论上具有发展中国家对外直接投资的共性。根据 Dunning 的对外投资发展阶段理论①，发展中国家对外直接投资的规模及层次与其经济发展水平密切相关。在对外直接投资的初期阶段，发展中国家的对外直接投资与其经济发展水平呈现正相关关系。因此，本书在空间计量经济学的分析框架下，再次验证经济发展水平与我国对外直接投资的关系。遵照通行做法，本书选择人均 GDP 作为经济发展水平的代理变量。人均 GDP 的数据根据 2004～2012 年《中国统计年鉴》的相关数据计算得到。

（2）工业化水平（Indus）：对于发展中国家而言，工业化水平高低直接影响对外直接投资的规模。一般来说，工业化水平越高，其对外直接投资的规模越大。从我国对外直接投资的产业分布也可以侧面印证这一论点。本书利用工业总产值占 GDP 的比重来表示工业化水平。

（3）人均对外贸易（Ptrade）：对外直接投资不仅需要资金，还需要开放型经济体系的支撑。已有的大量研究表明，对外直接投资与对外贸易之间存在较强的相关性。因此，本书选择人均对外贸易作为研究我国地区间对外直接投资空间效应的控制变量。人均对外贸易的数据根据 2004～2012 年《中国统计年鉴》的相关数据计算得到。

（4）人均外商直接投资（Pfdi）：关于对外直接投资与外商直接投资之间的关系，理论上二者之间应存在较为密切的相关性，但实证

---

① 20 世纪 80 年代初，邓宁提出了国际投资发展阶段理论。该理论依据经济发展水平将国际直接投资分为四个阶段：第一阶段人均 GNP 低于 400 美元，由于几乎没有所有权优势和内部化优势，基本没有对外直接投资；第二阶段人均 GNP 处于 400 到 1500 美元之间，由于经济发展水平的提高，投资环境有较大改善，区位优势较强，外商直接投资迅速增加，但对外直接投资处于起步阶段；第三阶段为人均 GNP 在 2000 到 4750 美元之间，由于经济实力有了很大的提高，国内部分企业开始拥有所有权优势和内部化优势，对外直接投资迅速增长，这一阶段国际直接投资的流入量和流出量都达到较大的规模；第四阶段人均 GNP 超过 5000 美元，由于拥有强大的所有权优势和内部化优势，并能充分利用东道国的区位优势，因此对外直接投资达到了相当大的规模。

研究的结果往往并不统一。因此，本书选择人均外商直接投资作为研究我国地区间对外直接投资空间效应的控制变量。人均外商直接投资的数据根据 2004 ~ 2012 年《中国统计年鉴》及相关省份商务厅网站的原始数据计算得到。

（5）人力资本（*Human*）：对外直接投资不仅需要资金，更需要大量的专业国际化人才的支持。人力资本的高低往往与对外直接投资存在较为密切的关系。一般来说，人力资本越高，越能促进对外直接投资的发展。因此，本书选择人力资本作为研究我国地区间对外直接投资空间效应的控制变量。人力资本的计算采用劳动力平均受教育年限来度量。人力资本具体的计算公式为：

$$Human = 6 \times Ratio_{primary} + 9 \times Ratio_{junior} + 12 \times Ratio_{senior} + 16 \times Ratio_{college} \quad (7.11)$$

在式 7.11 中，*Human* 代表人力资本，$Ratio_{primary}$ 代表人口中小学程度所占比重，$Ratio_{junior}$ 代表人口中初中程度所占比重，$Ratio_{senior}$ 代表人口中高中程度所占比重，$Ratio_{college}$ 代表人口中大专及以上程度所占比重。人力资本的数据根据 2004 ~ 2012 年《中国统计年鉴》的相关数据计算得到。

由此，可以建立本书的面板数据空间滞后模型为：

$$\ln Ofdi_{i,t} = \alpha + \beta_1 \ln Pgdp_{i,t} + \beta_2 Indus_{i,t} + \beta_3 \ln Ptrade_{i,t} + \beta_4 \ln Pfdi_{i,t} +$$
$$\beta_5 Human_{i,t} + \rho W \ln Ofdi_{i,t} + \varepsilon_{i,t} \quad (7.12)$$

在式 7.12 中，ρ 表示空间自回归系数，即临近省域的对外直接投资对本省对外直接投资的影响方向和程度。*W* 表示空间权重矩阵。$\ln Ofdi_{i,t}$ 表示 i 省第 t 年的对外直接投资，$\ln Pgdp_{i,t}$ 表示 i 省第 t 年的人均国民生产总值，$Indus_{i,t}$ 表示 i 省第 t 年的工业化水平，$\ln Ptrade_{i,t}$ 表示 i 省第 t 年的人均对外贸易，$\ln Pfdi_{i,t}$ 表示 i 省第 t 年的人均外商直接投资，$Human_{i,t}$ 表示 i 省第 t 年的人力资本。

本书建立的面板数据空间误差模型为：

$$\ln Ofdi_{i,t} = \alpha + \beta_1 \ln Pgdp_{i,t} + \beta_2 Indus_{i,t} + \beta_3 \ln Ptrade_{i,t} + \beta_4 \ln Pfdi_{i,t} + \beta_5 Human_{i,t} + \varepsilon_{i,t}$$

$$\varepsilon_{i,t} = \lambda W \varepsilon_{j,t} + \mu_{i,t} \tag{7.13}$$

在式 7.13 中，λ 表示空间误差系数，衡量了样本观测值的空间依赖关系，即临近省域对外直接投资的误差冲击对本省对外直接投资的影响方向和程度。W 表示空间权重矩阵。$\ln Ofdi_{i,t}$ 表示 i 省第 t 年的对外直接投资，$\ln Pgdp_{i,t}$ 表示 i 省第 t 年的人均国民生产总值，$Indus_{i,t}$ 表示 i 省第 t 年的工业化水平，$\ln Ptrade_{i,t}$ 表示 i 省第 t 年的人均对外贸易，$\ln Pfdi_{i,t}$ 表示 i 省第 t 年的人均外商直接投资，$Human_{i,t}$ 表示 i 省第 t 年的人力资本。

7.5 空间溢出效应的计量回归结果

根据空间计量经济学的研究思路，在选择具体的研究方法之前需要对空间数据进行空间相关性检验，以判断所选取的因变量是否具有空间相关性，若存在的话，才可以构建适当的空间计量模型进行估计和检验。因此，利用空间计量经济分析的一般步骤是：首先利用空间统计指标进行空间相关性的预检验；如果预检验的结果显示的确存在空间效应时，结合相应的理论依据，通过建立空间滞后模型或空间误差模型将空间效应纳入模型中进行空间计量分析。本书便遵循这一研究思路对我国地区间对外直接投资的空间溢出效应进行实证研究：首先报告我国地区间对外直接投资的空间相关性 Moran'I 指数。如果 Moran'I 显示我国地区间对外直接投资的确存在空间相关性，则继续报告空间计量回归模型，以进一步深入分析我国地区间对外直接投资的空间效应。

7.5.1 中国对外直接投资空间相关性的检测

表 7 - 1 和图 7 - 1 是 2003 ~ 2011 年我国地区间对外直接投资的

Moran'I 指数及变化趋势。从表 7 - 1 可以看出，2003 ~ 2011 年我国地区间对外直接投资的 Moran'I 指数为正，并且均通过了显著性检验，这说明我国地区间对外直接投资存在空间正自相关性，正的空间相关性表明相邻地区特性相类似的空间联系结果，即存在"对外直接投资水平高的地区与对外直接投资水平高的地区相邻，对外直接投资水平低的地区与对外直接投资水平低的地区相邻"的空间集聚现象。也就是说，我国地区间对外直接投资存在着显著的"高 - 高"型或"低 - 低"型分布状态。这说明我国地区间的对外直接投资并不是完全的随机分布，而是表现为比较显著的空间集聚现象。

表 7 - 1   2003 ~ 2011 年中国地区间对外直接投资的 Moran'I 指数

年份	Moran'I	E（Moran'I）	标准差 S_d	正态性统计量 Z	伴随概率 P
2003	0.0698	- 0.0188	0.0650	1.9605	0.0437
2004	0.0974	- 0.0184	0.0644	1.9954	0.0426
2005	0.0757	- 0.0198	0.0643	1.9852	0.0375
2006	0.1356	- 0.0190	0.0642	2.4072	0.0161
2007	0.0754	- 0.0197	0.0654	2.2522	0.0465
2008	0.0890	- 0.0201	0.0643	2.2073	0.0337
2009	0.0512	- 0.0216	0.0632	2.6605	0.0285
2010	0.1622	- 0.0223	0.0733	2.5170	0.0118
2011	0.0627	- 0.0251	0.0622	2.1364	0.0320

资料来源：根据相关数据通过 Matlab 软件回归得到。

从图 7 - 1 我国地区间对外直接投资 Moran'I 指数的变化趋势来看，自 2003 年起，我国地区间对外直接投资的 Moran'I 指数呈现锯齿状变化趋势。如 2003 年的 Moran'I 指数为 0.0698，2004 年上升到 0.0974，而 2005 年又下降到 0.0757，之后依然呈现升降交替的变化趋势。从变化趋势上看，2003 ~ 2008 年间的 Moran'I 指数波动范围较小，但 2009 ~ 2011 年 Moran'I 指数的跳跃范围变大。

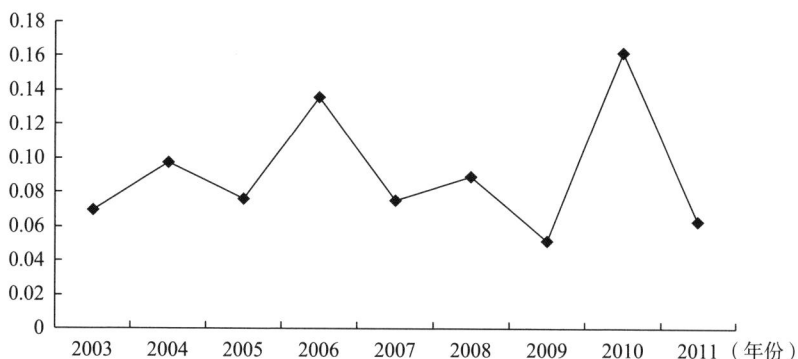

图 7 - 1　中国地区间对外直接投资 Moran'I 指数的变化趋势

7.5.2　中国地区间对外直接投资的空间计量分析

空间相关性 Moran'I 指数的结果显示，我国地区间对外直接投资的确存在空间正相关性。但 Moran'I 指数的检测也只是对空间效应的初步判断和粗略研究，还需要将空间自相关性纳入空间计量分析模型，深入分析我国地区间对外直接投资的空间溢出效应。表 7 - 2 是我国地区间对外直接投资的空间计量模型回归结果。

空间计量固定效应模型包括空间固定效应模型、时点固定效应模型及双固定模型。在实证研究中，一般也报告混合模型的回归结果。混合模型一般只是和空间固定模型、时点固定模型及双固定模型进行比较而用，其本身不具有太强的理论和应用价值。因此，本书为比较起见，也报告了混合模型的回归结果。表 7 - 2 中各模型的空间滞后系数 ρ（即 $W * dep. var.$）和空间误差回归系数 λ（即 $spat. aut.$）均通过了显著性检验，说明建立空间滞后模型和空间误差模型是合适的。

面板空间误差模型和面板空间滞后模型的选择主要看拟合优度及似然比 LogL 的大小，如果 SEM 模型拟合优度 Adjusted - R^2 较大，而且似然比 LogL 较大，则应选择 SEM 模型，否则应选择 SLM 模型。通过分析 Adjusted - R^2 及似然比 LogL 的大小，可以看出，无论是在空间固定模型、时点固定模型抑或是双固定模型中，面板空间滞后模型（SLM）的 Adjusted – R^2 及似然比 LogL 均大于面板空间误差模型（SEM）。因此，在面板空间滞后模型和面板空间误差模型的总体选择中，应该选择面板空间滞后模型。由于空间滞后模型反映的是空间的溢出效应，因此，我国地区间对外直接投资的空间效应体现为空间溢出效应。

在空间固定模型、时点固定模型及双固定模型中，由于每一种模型的前提假设存在差异，不同模型的结果会存在一定的差异。因此，需要在空间固定模型、时点固定模型及双固定模型之间进行选择。其选择的标准可以根据拟合优度 Adjusted – R^2 及似然比 LogL 的大小来进行选择。从表 7 – 2 中面板 SLM 模型中的空间固定、时点固定及双固定模型的拟合优度 Adjusted – R^2 及似然比 LogL 的大小可以看出，面板 SLM 中的双固定模型在几种模型中是最优的。因此，本书就以面板空间滞后模型中的双固定模型作为计量分析的基准模型。

从表 7 – 2 的面板空间滞后模型中的双固定模型可以看出，其空间滞后系数 ρ（即 $W * dep. \, var.$）通过了显著性检验，表明在该模型中，我国地区间对外直接投资的确存在空间相关性，并且我国地区间对外直接投资的空间效应体现为空间溢出效应。从核心变量来看，人均 GDP 的系数为 2.559，并且通过了 1% 的显著性水平检验，这表明人均 GDP 每增加一个百分点，能对我国对外直接投资产生 2.559 个百分点的促进作用。这个结果与 Dunning 的对外直接投资发展周期理论相符，即对于发展中国家而言，经济发展水平在一定范围内对对外直接投资的发展有正向促进作用，也说明对于发展中国家而言，经济发展水平是对外直接投资的最主要动力。

在面板滞后模型中的双固定模型中，工业化水平的符号为正，并且通过了 10% 的显著性水平检验。这说明工业化水平对我国对外直接投资也有显著的促进作用。这个结论与我国经济发展的实际也比较吻合。改革开放以来，尤其是 21 世纪以来，我国经济发展的主要结构变迁便主要表现在第二产业即工业的发展上，工业化的逐步深入不仅直接促进了我国经济水平的发展，而且为我国的对外直接投资提供了非常好的产业选择。

在面板滞后模型中的双固定模型中，人均对外贸易的系数为正，并且通过了1%的显著性水平检验。这说明人均对外贸易的提高促进了我国各地区对外直接投资的发展，而且人均对外贸易每提高1%，能带动我国对外直接投资0.435个百分点的发展。2015年我国成为全球对外贸易第二大经济体，在全球贸易的发展中占据举足轻重的地位。对外贸易的发展不仅能促进国际货物产品、知识要素等互相交流和渗透，更能培养一个国家或地区国际化人才的成长，而对外直接投资正需要一大批国际化人才的支撑。

表7-2　中国地区间对外直接投资的空间计量回归结果

解释变量	面板空间误差模型（SEPDM）				面板空间滞后模型（SLPDM）			
	混合	空间固定	时点固定	双固定	混合	空间固定	时点固定	双固定
C	-15.325***				-16.139***			
	(-12.69)				(-8.99)			
$\ln Pgdp$	2.799***	2.592***	2.892***	2.641***	2.709***	2.484***	2.902***	2.559***
	(15.77)	(14.63)	(17.82)	(16.11)	(9.31)	(8.78)	(13.61)	(13.65)
$Indus$	2.156**	-0.669	2.278**	1.115*	2.340**	0.644*	2.659**	0.549*
	(2.21)	(-0.06)	(2.30)	(1.71)	(2.12)	(1.66)	(2.41)	(1.68)
$\ln Ptrade$	0.144**	0.418***	0.108*	0.333**	0.173**	0.545***	0.297*	0.435**
	(2.01)	(2.88)	(1.81)	(2.41)	(2.00)	(3.25)	(1.71)	(2.80)
$\ln Pfdi$	-0.069	0.006	-0.058	0.000	-0.235***	0.014	-0.197***	0.104*
	(-1.26)	(0.22)	(-1.19)	(0.00)	(-3.12)	(0.400)	(-3.17)	(0.168)
$Human$	0.471***	0.158	0.472***	0.238*	0.174*	0.078*	0.199*	0.161*
	(4.56)	(1.05)	(4.62)	(1.76)	(1.83)	(1.67)	(1.68)	(1.79)
$W*dep.\,var.$					0.049*	0.012*	0.028**	0.0018*
					(1.73)	(1.61)	(1.87)	(1.78)

解释变量	面板空间误差模型（SEPDM）				面板空间滞后模型（SLPDM）			
	混合	空间固定	时点固定	双固定	混合	空间固定	时点固定	双固定
spat. aut.	0.521***	0.343***	0.509***	0.396***				
	(6.10)	(3.93)	(5.95)	(4.56)				
R^2	0.6900	0.9538	0.6844	0.9531	0.6749	0.9603	0.6922	0.9683
Adjusted – R^2	0.6734	0.9461	0.6677	0.9434	0.6706	0.9488	0.6717	0.9573
LogL	– 379.94	– 147.82	– 381.79	– 150.48	– 368.00	– 143.49	– 379.59	– 148.19
Sigma	1.3130	0.1985	1.3368	0.1986	1.4843	0.2104	1.5155	0.2190

资料来源：根据相关数据通过 Matlab 软件回归得到。

在面板滞后模型的双固定模型中，人均外商直接投资的系数为正，并且通过了 10% 的显著性水平检验。与其他核心变量不同，虽然人均外商直接投资在面板空间滞后模型的双固定模型中通过了显著性检验，但在其他有些模型中不仅符号为负，而且没能通过 10% 的显著性水平的检验。这说明人均外商直接投资虽然在选择的最优基准模型中体现出了正向的促进作用，但其作用可能并不稳定。这一结论与国内其他有些学者的研究结果类似。

在面板滞后模型中的双固定模型中，人力资本的符号为正，并且通过了 10% 的显著性水平检验。这说明人力资本的发展促进了我国地区间对外直接投资的发展。作为"活资本"的人力资本，由于具有创新性和创造性，在工业化时代，人力资本比物质、货币等硬资本具有更大的增值空间。在经济发展和资源有效配置过程中，人力资本能起到比物质资本更重要的作用。在我国对外直接投资的发展过程中，人力资本能为我国的对外直接投资提供优质的管理人才和开拓国际市场的专门人才，这种高素质人才为我国对外直接投资开拓国际市场、促进对外直接投资的可持续发展具有重要的促进作用。

7.6 小结

　　本章按照空间计量经济学的分析思路和方法，将空间相关性纳入分析模型，通过构建面板数据空间滞后模型和面板数据空间误差模型，对我国地区间对外直接投资的空间溢出效应进行了实证检验。结果显示：我国地区间对外直接投资存在正向的空间相关性，即存在"对外直接投资水平高的地区与对外直接投资水平高的地区相邻，对外直接投资水平低的地区与对外直接投资水平低的地区相邻"的空间集聚现象。通过拟合优度及似然比 LogL 的比较发现，空间滞后模型比空间误差模型表现更优，这说明我国对外直接投资的空间效应主要表现为空间溢出效应。在面板空间滞后模型的双固定模型中，经济发展水平、工业化水平、人均对外贸易、人均外商直接投资及人力资本对我国对外直接投资的空间集聚表现出了显著的促进作用。

8 结论及政策建议

8.1 结论

自 2003 年起，我国对外直接投资开始进入迅猛发展的时期。到 2011 年，我国已成为全球对外直接投资第六大经济体，初步奠定了对外直接投资大国的国际地位。与此同时，我国地区间对外直接投资的差异非常显著，地区间对外直接投资的不均衡性非常突出。本书以我国地区间对外直接投资为研究对象，利用理论阐释及实证检验相结合的研究方法，对我国对外直接投资的地区差异、影响因素及溢出效应进行了研究，得出的主要结论有以下六点。

第一，与世界投资强国美国、日本、法国及中国香港地区相比，我国的对外直接投资依然存在不小的差距。我国的对外直接投资主要集中于传统行业，在高科技行业的比重非常小。从区位选择来看，我国对外直接投资区位选择的多元化趋势在增强，但依然高度集中于少数国家和地区。国有企业是我国对外直接投资最主要的投资主体，而以私营企业为代表的非国有企业的投资份额非常少，这说明我国对外直接投资的政府主导特征非常显著。

第二，基于地区份额、赫希曼－赫芬达尔指数、多样性指数、均匀度指数、极商指数、基尼系数的测度显示，我国对外直接投资的地区差异程度近年来虽有所降低，但不均衡现象依然非常突出。基于总体差异指标的研究发现，我国地区间对外直接投资的相对差异虽然在逐步缩小，但绝对差距依然在进一步扩大。基于 Theil 指数的分析发现，自2003 年以来，我国东部地区和中部地区对外直接投资的内部差异均呈现逐渐减小的趋势，中部地区的总体趋势虽然也降低，但降低的幅度较小。在三大区域中，西部地区的内部差异最大，其次分别为东部地区和中部地区。基于区位熵的研究发现，2003 年以来我国对外直接投资达到绩效较高水平的省份逐渐增多。

第三，本书借鉴收敛假说的理论思想和方法启示，利用省际面板数据模型对我国对外直接投资地区差异的动态演变趋势进行了实证研究。结果显示：全国及三大俱乐部对外直接投资整体上表现出了"总体收敛、局部分散"的动态演变特征。从 σ 收敛来看，除个别年份外，全国层面、东部俱乐部及中部俱乐部均出现了 σ 收敛，而西部俱乐部趋向发散。从 β 绝对收敛来看，全国及东部俱乐部、中部俱乐部的对外直接投资出现了 β 绝对收敛的发展态势，而西部地区没有出现 β 绝对收敛。加入控制变量工业化程度、经济发展水平及人均外商直接投资后，全国层面及三大俱乐部均出现了 β 条件收敛。

第四，本书利用新制度经济学的理论分析框架，将制度纳入分析模型，基于经济制度和法律制度的视角实证研究我国地区间对外直接投资形成的制度根源。结果显示，从全国样本来看，市场化水平、政府治理对对外直接投资起到了促进作用，知识产权保护起到了抑制作用。从东部地区来看，市场化水平和知识产权保护分别对东部地区对外直接投资起到了促进和抑制作用。从中部地区来看，市场化水平对中部地区对外直接投资起到了促进作用。从西部地区来看，市场化水平和对外开放度均对西部地区对外直接投资起到了促进作用。控制变量人力资本对全国和中部地区对外直接投资起到了促进作用。

第五，发展中国家或地区对外直接投资的一个重要目的就是充分利用对外直接投资的逆向技术溢出效应推动本国的技术创新。本书的研究结果显示，从东部地区来看，对外直接投资和对外贸易均具有显著的逆向技术溢出效应，而外商直接投资没有表现出显著的技术溢出效应。从中部地区来看，对外直接投资和对外贸易产生了技术溢出效应，外商直接投资不仅对模仿型技术创新没有促进作用，而且还抑制了其原创型技术创新。从西部地区来看，对外直接投资没有产生技术溢出效应，对外贸易产生了显著的技术溢出效应，外商直接投资只对模仿型技术创新具有促进作用，而对原创型技术创新没有起到显著的促进作用。总体来看，对外直接投资对我国技术创新的逆向技术溢出效应弱于对外贸易对我国技术创新的促进作用。

第六，我国地区间对外直接投资存在显著的正向空间相关性，即存在"对外直接投资水平高的地区与对外直接投资水平高的地区相邻，对外直接投资水平低的地区与对外直接投资水平低的地区相邻"的空间集聚现象。通过对面板空间滞后模型和面板空间误差模型的选择发现，我国地区间对外直接投资的空间相关性表现为空间溢出效应。在面板空间滞后模型的双固定模型中，经济发展水平、工业化水平、人均对外贸易、人均外商直接投资及人力资本对我国地区间对外直接投资的发展表现出了显著的促进作用。

8.2　政策建议

在我国对外直接投资总体规模迅速发展的同时，我国地区间对外直接投资的差异性非常显著，我国的对外直接投资主要集中于东部沿海地区，中西部地区的对外直接投资规模非常小，因此，我国地区间对外直接投资的分布呈现典型的"单极突进"特征。地区间对外直接投资的过度集中不仅会造成地区间经济发展差距的进一步扩大，而且会影响我国对外直接投资的可持续发展。

为此，基于我国地区间对外直接投资的发展现状及存在的主要问题，应进一步优化我国地区间对外直接投资的均衡发展，逐渐实现我国对外直接投资由"单极突进"特征向"多轮驱动"特征演进。因此，本书主要基于中西部地区的视角，提出针对性的政策建议，以促进中西部地区对外直接投资的发展，进而达到我国对外直接投资区域均衡发展的目的。

1. 逐步消除地区间的行政壁垒和市场壁垒，充分发挥地区间对外直接投资的空间溢出效应

本书的研究结论显示，我国地区间的对外直接投资存在空间正自相关性，这说明我国地区间的对外直接投资存在着空间影响和空间交互作用，即本地区的对外直接投资不仅受到本地区核心变量的影响，还受到临近地区对外直接投资的影响。但长期以来，我国各地区的经济社会发展存在着各种行政壁垒和市场壁垒，这些壁垒的存在导致生产要素和技术在地区间的自由流动受到阻碍，进而影响或阻碍了落后地区的对外直接投资。因此，为进一步发挥我国地区间对外直接投资的空间溢出效应，我国应逐步消除地区之间的行政壁垒和市场壁垒，充分发挥对外直接投资的空间溢出效应，进而促进地区间对外直接投资的均衡发展。

2. 建设人力资本高地，为中西部地区对外直接投资提供人力资源保障

近年来，中西部地区加大了吸引高素质人才的力度，并取得了较好的效果。但横向比较而言，中西部地区的人力资本与东部沿海地区相比还存在较大的差距。长此以往，中西部地区将成为我国的人才洼地。高素质人才的缺乏，导致中西部地区的管理方法、管理理念比较落后，对新知识的学习能力也较弱，进而导致中西部地区形成内向型经济发展的格局，影响了中西部地区对外直接投资的发展。因此，中西部地区一方面要加大高素质人才的培养力度，加快高水平大学的建设步伐；另一方面，要采取体制和机制创新，积极引进区域外包括国外的高层次人才，建设中西部地区人力资本新高地，为中西部地区对外直接投资提供人力资源保障，促进中西部地区对外直接投资的跨越式发展。

3. 加大对外开放力度，为中西部地区对外直接投资创造良好的国际环境

目前，中西部地区对外开放的层次和水平都很低。对外开放程度低，导致中西部地区难以及时学习、吸收和利用国外先进的技术和管理水平，也导致中西部地区缺乏对外直接投资的经验和国际视野，这直接阻碍了中西部地区的对外直接投资的发展。

因此，中西部地区应加大对外开放力度，为中西部地区对外直接投资创造良好的国际环境。具体来看，中西部地区一方面应继续加大对外贸易的力度。在我国产业的梯度转移过程中，中西部地区成为东部沿海地区劳动密集型产业转移的主要承接地，这为中西部地区发展壮大制造业进而提高工业化程度提供了较好的机遇。中西部地区可以把握住这一发展契机，大力发展制造业对外贸易，逐步提高中西部地区的对外贸易在经济发展中的地位和作用。同时，中西部地区还应加大吸收引进外商直接投资的力度。中西部地区要在法律法规允许的范围内进一步推出吸引外商直接投资的优惠措施以吸引更多的外商直接投资落户中西部地区，进而促进中西部地区的对外开放程度。同时，在引资过程中，中西部地区不仅应积极吸引高技术含量的外商直接投资，还应该采取与外商合资合作的方式引导外商直接投资在中西部地区的产业分布，以提高外商直接投资对我国技术创新及经济发展的促进作用。

4. 提高工业化水平，为中西部地区对外直接投资奠定坚实的产业基础

我国对外直接投资的行业分布除了商业、服务业外，制造业也占有较大比重，这一现象与我国目前的经济发展阶段相适应。而中西部地区的制造业与东部地区相比还有较大的差距，工业化水平也普遍低于东部沿海地区。从全国层面来看，我国已经进入后工业化阶段，但中西部地区依然处于工业化发展的中期。从经济发展水平和层次来看，目前中西部大力发展服务业进而进入服务社会的阶段目标还不切实际。因此，中西部地区的工业化发展还有较大的发展空间和潜力。

因此，中西部地区应大力发展制造业，提高工业化水平，为中西部地区对外直接投资奠定坚实的产业基础。具体来看，中西部地区要在产业布局、财税政策、发展规划等方面切实向制造业尤其是装配制造业等高端制造业倾斜，形成中西部大力发展制造业进而提高工业化程度的重要保障，为中西部地区对外直接投资奠定坚实的产业基础。

5. 加强制度环境建设，为中西部地区对外直接投资营造良好的制度环境

制度与经济绩效之间存在非常强的关联性。一般来说，良好的制度环境会产生较好的经济绩效。从目前来看，中西部地区的制度环境建设与东部沿海地区相比存在较大的差距，具体反映在中西部地区促进经济发展的力度虽然较大，但政府的诚信建设以及各种投资经营的软环境建设制约了经济社会的发展。

因此，中西部地区应加强制度软环境的建设力度，逐步形成诚信的社会风气和商业习惯。首先，中西部地区要进一步进行体制机制改革，建立精干、高效、规范的执法队伍和公务员队伍。其次，中西部地区应加强制度建设，完善各种制度规定，并加大对违反制度规定的处罚力度。再次，中西部地区应着力营造重商、亲商的服务环境，尤其要做好社会经济发展的各项服务工作。中西部地区只有加强制度环境建设，在全社会形成诚信、高效的社会风气，才能为中西部地区的对外直接投资营造良好的制度环境。

8.3　研究展望

本书在前人研究的基础上，分别基于演变规律、影响因素及溢出效应等角度，对我国地区间对外直接投资的差异性进行了研究。总体来看，本书的研究属于对该论题初步的尝试性研究，尚存在诸多不完善之处，还存在诸多需要进一步深入研究的问题。

第一，在理论上，本书主要基于新古典经济增长理论、区域经济学、国际贸易学、空间计量经济学等经典理论，构建"多维理论分析框架"。针对我国地区间对外直接投资这一主题，今后的研究可以考虑如何将这些理论综合在一起，建立一个统一的理论分析框架，从而在这个理论框架范围内，深入探讨我国地区间对外直接投资的演变趋势、影响因素及溢出效应。

第二，在实证上，本书主要基于中观省际层面研究了我国地区间对外直接投资的影响因素。但对外直接投资的主体是微观企业，今后的研究可以进一步深入微观企业层面研究中西部地区企业对外直接投资的决定因素，从而对我国地区间对外直接投资差异的影响因素做出更深入、细致和全面的考察。具体来讲，应进一步通过构建合适的经济学模型，深入研究东部、中部及西部地区微观企业对外直接投资的决定机制，从而探寻我国对外直接投资的微观基础。

第三，在政策建议上，本书提出的政策建议目前还比较宏观。今后的研究可以根据不同产业的不同特点和特定的历史发展阶段，提出更有针对性的、促进我国对外直接投资区域均衡发展的政策安排。

致　谢

本书是在我的博士论文的基础上拓展而成的。2011 年秋，我的导师刘海云教授带我到长沙参加第十届全国高校国际贸易学科协作组会议，在会上，不少专家学者针对国际贸易领域的各种前沿问题进行了充分而深入的交流。其中，对外直接投资这个研究方向吸引了我。之后，我查阅了国内外各种文献资料，发现尽管很多学者针对我国对外直接投资的区位选择、影响因素及经济效益进行了广泛而深入的研究，但鲜有文献针对我国地区间对外直接投资差异这个主题做深入研究。事实上，加强对我国对外直接投资差异的研究，可以进一步把握我国地区间对外直接投资差异的内在规律性，进而为我国对外直接投资的区域均衡发展提供理论依据和实证支持。因此，在导师刘海云教授的多次悉心指导下，我最终选择了目前的这个题目。

我的导师刘海云教授学识渊博，为人儒雅，有幸成为刘老师的学生，我感到非常荣幸。刘老师不仅在科研上对我尽心尽力地指导，还从言行上教育我如何做人。在我博士论文的写作过程中，刘老师倾注了大量心血，从选题、逻辑思路、研究方法及框架安排等方面，刘老师都仔细帮我把关。在论文初稿完成后，刘老师多次提出非常好的修改意见。尤其令我感动的是，刘老师不仅从大的方面对本论文提出了修改意见，就连一些字句的表达甚至一些关键词的运用等方面，都仔细地进行指导。在这里，由衷地感谢刘老师三年以来对我的教导！

感谢华中科技大学徐长生教授、杨继生教授、张卫东教授、方齐云教授、范红忠教授、钟春平教授、彭代彦教授、宋德勇教授等老师，这些老师的精彩授课使我受益良多。感谢卫平教授、李昭华教授、邱慧芳教授在论文开题报告过程中提出的中肯意见。感谢张建华教授、范红忠教授对本书提出的修改意见，这些修改意见对本书的完善起到了重要的作用。感谢我的同学张辽、余升国、田磊、覃一冬、唐波、蔡宇飞、闫彬彬、王俊杰、李毅、陈利锋、杨宏呈、付波航、陈培钦、葛静、李彩云、欧元明、王萱、吴翔、向修海、张孜孜等，与他们在一起的日子令我终生难忘。感谢我的同门陈松、朱媛、王胜、董科、汪琳、刘勇、龚黎明、田敏、汪春涛、姚承伟、刘真、张文婷等，这些同门在刘老师主持的双周学术论坛上的真知灼见，使我受益匪浅。尤其是我的同门陈松，虽然很年轻，但思维活跃，经济学功底深厚，与陈松的多次交流，为本书的写作提供了大量的启发和帮助。感谢中南财经政法大学的王宝顺博士、赵颖博士在本书的实证研究方面给予的大量支持。

感谢河南大学郑逢斌教授、付征叶教授、陈小潘博士、郑鑫老师、李伟老师、郑姗姗老师及郑娇娇老师，在论文艰苦的写作过程中，这些老师给予了大量的鼓励、支持和帮助。感谢河南大学李恒教授、苏科五教授、彭文慧教授、吴郁秋博士、牛瑞瑞博士、许广月博士、曹玉平博士、吕新军博士及郭晓丽老师。当我对选题还比较犹豫的时候，李恒教授的一席分析使我坚定了就此题目继续写作下去的决心。2012 年的冬天，当我对论文的架构及一些深层次的问题还有所彷徨时，和曹玉平博士进行的几次深入的探讨和分析促使我最终将论文的几个主要部分有机地结合在一起，增强了本书各章节之间的内在逻辑关系。还要感谢河南大学彭凯翔教授、杨宏恩教授的支持和帮助。

感谢南京大学信恒占博士、邢军峰博士，上海财经大学耿文才博士，东北大学袁文榜博士，中南财经政法大学刘飞博士、赵华伟博士给予的支持和帮助。

在出版过程中，感谢河南大学经济学院宋丙涛院长、王桂副院长、郭兴方副院长的支持，感谢社会科学文献出版社陈凤玲老师的大力帮助，也感谢我的研究生岳帅、张山、谢聪所做的大量工作。

还要感谢我的父母和两个姐姐。长期以来，他们都在背后默默地给予我大量的关爱和支持。尤其要感谢我的爱人谢利娜，在我读博期间，我爱人任劳任怨，独立挑起家庭的重担，使得我能全身心地投入博士论文的写作中去。

在此，向关心和帮助过我的所有亲朋好友致敬！

2013 年 5 月于华科喻家山麓

参考文献

［1］ 何骏：《全球化背景下我国企业对外直接投资的动因》，《经济经纬》2007 年第 2 期。

［2］ 陈文彬：《我国对外直接投资的动因分析和模式选择——以福建省为例》，《时代金融》2008 年第 4 期。

［3］ 代中强：《中国企业对外直接投资动因研究——基于省际面板数据的分析》，《山西财经大学学报》2008 年第 11 期。

［4］ 刘阳春：《中国企业对外直接投资动因理论与实证研究》，《中山大学学报》（社会科学版）2008 年第 3 期。

［5］ 黄静波、张安民：《中国对外直接投资主要动因类型的实证研究——基于 1982～2007 年的外向投资流向分析》，《国际经贸探索》2009 年第 7 期。

［6］ 苗洪亮：《中国企业对外直接投资的动因及国内政策环境分析》，《黑龙江对外经贸》2010 年第 5 期。

［7］ 崔家玉：《中国对外直接投资的动因》，《大连海事大学学报》（社会科学版）2010 年第 3 期。

［8］ 李敬、冉光和、万丽娟：《中国企业对外直接投资绩效不佳的原因分析》，《生产力研究》2008 年第 3 期。

［9］ 汤建光：《中日对外直接投资的动因与特点比较及其启示》，《当代财经》2007 年第 11 期。

〔10〕衣长军：《中国与美日对外直接投资战略动因国际比较》，《宏观经济研究》2010 年第 4 期。

〔11〕徐卫武、王河流：《中国高新技术企业对外直接投资的动因分析》，《经济与管理》2005 年第 2 期。

〔12〕朱美虹、池仁勇：《中小民营企业对外直接投资动因分析——以浙江省为例》，《特区经济》2011 年第 6 期。

〔13〕周铁军、刘传哲：《中国采矿业对外直接投资现状及动因分析》，《中国煤炭》2011 年第 1 期。

〔14〕程惠芳、阮翔：《用引力模型分析中国对外直接投资的区位选择》，《世界经济》2004 年第 11 期。

〔15〕闻开琳：《中国对外直接投资决定因素实证研究——基于东道国国家特征》，《世界经济情况》2008 年第 10 期。

〔16〕何本芳、张祥：《我国企业对外直接投资区位选择模型探索》，《财贸经济》2009 年第 2 期。

〔17〕项本武：《东道国特征与中国对外直接投资的实证研究》，《数量经济技术经济研究》2009 年第 7 期。

〔18〕李猛、于津平：《东道国区位优势与中国对外直接投资的相关性研究——基于动态面板数据广义矩估计分析》，《经济研究》2011 年第 6 期。

〔19〕陈恩、王方方：《中国对外直接投资影响因素的实证分析——基于 2007 - 2009 年国际面板数据的考察》，《商业经济与管理》2011 年第 8 期。

〔20〕宋维佳、许宏伟：《对外直接投资区位选择影响因素研究》，《财经问题研究》2012 第 10 期。

〔21〕贺书锋、郭羽诞：《中国对外直接投资区位分析：政治因素重要吗？》，《上海经济研究》2009 年第 3 期。

〔22〕韦军亮、陈漓高：《政治风险对中国对外直接投资的影响——基

于动态面板模型的实证研究》,《经济评论》2009 年第 4 期。

[23] 陈丽丽、林花:《我国对外直接投资区位选择:制度因素重要吗?——基于投资动机视角》,《经济经纬》2011 年第 1 期。

[24] 王建、张宏:《东道国政府治理与中国对外直接投资关系研究——基于东道国面板数据的实证分析》,《亚太经济》2011 年第 1 期。

[25] 陈松、刘海云:《东道国治理水平对中国对外直接投资区位选择的影响——基于面板数据模型的实证研究》,《经济与管理研究》2012 年第 6 期。

[26] 祁毓、王学超:《东道国劳工标准会影响中国对外直接投资吗?》,《财贸经济》2012 年第 4 期。

[27] 易波、李玉洁:《双边投资协定和中国对外直接投资区位选择》,《统计与决策》2012 年第 4 期。

[28] 王海军:《政治风险与中国企业对外直接投资——基于东道国与母国两个维度的实证分析》,《财贸研究》2012 年第 1 期。

[29] 王方方、赵永亮:《企业异质性与对外直接投资区位选择——基于广东省企业层面数据的考察》,《世界经济研究》2012 年第 2 期。

[30] 蔡锐、刘泉:《中国的国际直接投资与贸易是互补的吗?——基于小岛清"边际产业理论"的实证分析》,《世界经济研究》2004 年第 8 期。

[31] 张如庆:《中国境外直接投资与对外贸易关系分析》,《重庆工商大学学报》(西部论坛)2009 第 1 期。

[32] 张应武:《对外直接投资与贸易的关系:互补或替代》,《国际贸易问题》2007 年第 6 期。

[33] 唐心智:《中国对外直接投资的贸易效应分析》,《统计与决策》2009 第 12 期。

[34] 谢杰、刘任余:《基于空间视角的中国对外直接投资的影响因素与贸易效应研究》,《国际贸易问题》2011 第 6 期。

［35］张春萍：《中国对外直接投资的贸易效应研究》，《数量经济技术经济研究》2012 第 6 期。

［36］陈愉瑜：《中国对外直接投资的贸易结构效应》，《统计研究》2012 第 9 期。

［37］俞毅、万炼：《我国进出口商品结构与对外直接投资的相关性研究——基于 VAR 模型的分析框架》，《国际贸易问题》2009 年第 6 期。

［38］周昕、牛蕊：《中国企业对外直接投资及其贸易效应——基于面板引力模型的实证研究》，《国际经贸探索》2012 年第 5 期。

［39］李梅：《人力资本、研发投入与对外直接投资的逆向技术溢出》，《世界经济研究》2010 年 10 期。

［40］阚大学：《外商直接投资、对外贸易与经济福利关系的实证研究——基于省级动态面板数据》，《石河子大学学报》（哲学社会科学版）2010 年第 2 期。

［41］刘明霞、王学军：《中国对外直接投资的逆向技术溢出效应研究》，《世界经济研究》2009 第 9 期。

［42］霍杰：《对外直接投资对全要素生产率的影响研究——基于中国省际面板数据的分析》，《山西财经大学学报》2011 年第 3 期。

［43］仇怡、吴建军：《我国对外直接投资的逆向技术外溢效应研究》，《国际贸易问题》2012 第 10 期。

［44］沙文兵：《对外直接投资、逆向技术溢出与国内创新能力——基于中国省际面板数据的实证研究世界》，《经济研究》2012 第 3 期。

［45］朱彤、崔昊：《对外直接投资、逆向技术溢出与中国技术进步》，《世界经济研究》2012 年第 10 期。

［46］李梅、柳士昌：《对外直接投资逆向技术溢出的地区差异和门槛效应——基于中国省际面板数据的门槛回归分析》，《管理世界》2012 第 1 期。

［47］邹玉娟、陈漓高：《我国对外直接投资与技术提升的实证研究》，《世界经济研究》2008 年第 5 期。

［48］王英、刘思峰：《OFDI 对我国产业结构的影响：基于灰关联的分析》，《世界经济研究》2008 年第 4 期。

［49］刘明霞：《中国对外直接投资的逆向技术溢出效应——基于技术差距的影响分析》，《中南财经政法大学学报》2010 年第 3 期。

［50］刘伟全：《中国 OFDI 逆向技术溢出与国内技术进步研究》，《山东大学》2010 年第 3 期。

［51］张海波、俞佳根：《对外直接投资对母国的逆向技术溢出效应——基于东亚新兴经济体的实证研究》，《财经论丛》2012 第 1 期。

［52］王英、刘思峰：《国际技术外溢渠道的实证研究》，《数量经济技术经济研究》2008 年第 4 期。

［53］魏巧琴、杨大楷：《对外直接投资与经济增长的关系研究》，《数量经济技术经济研究》2003 第 1 期。

［54］常建坤、李杏：《对外直接投资对中国经济增长的效应》，《改革》2005 年第 9 期。

［55］宋弘威、李平：《中国对外直接投资与经济增长的实证研究》，《学术交流》2008 年第 6 期。

［56］肖黎明：《对外直接投资与母国经济增长：以中国为例》，《财经科学》2009 年第 8 期。

［57］胡虎子：《经济增长、出口和对外直接投资关系研究》，《内蒙古农业大学学报》（社会科学版）2011 年第 2 期。

［58］冯彩、蔡则祥：《对外直接投资的母国经济增长效应——基于中国省级面板数据的考察》，《经济经纬》2012 第 6 期。

［59］薛求知、李茜：《基于熵理论的我国对外直接投资和经济演化方向关系研究》，《浙江工商大学学报》2012 年 5 期。

［60］戴翔：《对外直接投资对国内就业影响的实证分析——以新加坡

为例》,《世界经济研究》2006 年第 4 期。

[61] 黄晓玲、刘会政:《中国对外直接投资的就业效应分析》,《管理现代化》2007 年第 1 期。

[62] 郑瑾:《外商直接投资、对外贸易结构变化与就业促进——基于中国 1983~2007 年的计量分析》,《湖南冶金职业技术学院学报》2009 年第 3 期。

[63] 于超、葛和平:《中国对外直接投资与经济发展水平关系的实证研究》,《统计与决策》2011 第 18 期。

[64] 于超、葛和平:《对外直接投资的母国就业效应研究》,《统计与决策》2011 年第 20 期。

[65] 钞鹏:《对外直接投资对母国的就业效应及其传导机制》,《广西社会科学》2011 年第 3 期。

[66] 姜亚鹏、王飞:《中国对外直接投资母国就业效应的区域差异分析》,《上海经济研究》2012 年第 7 期。

[67] 罗良文:《对外直接投资的就业效应:理论及中国实证研究》,《中南财经政法大学学报》2007 年第 5 期。

[68] 罗丽英、黄娜:《我国对外直接投资对国内就业影响的实证分析》,《上海经济研究》2008 年第 8 期。

[69] 刘辉群、王洋:《中国对外直接投资的国内就业效应:基于投资主体和行业分析》,《国际商务》(对外经济贸易大学学报)2011 第 4 期。

[70] 〔日〕小岛清:《对外贸易论》,周宝廉译,南开大学出版社,1987。

[71] S. Hymer, *The International Operations of National Firms* (Cambridge: MIT Press, 1976).

[72] C. P. Kindleberger, *American Business Abroad* (New Haven: Yale University Press, 1969).

［73］R. Vernon，"International Investment and International Trade In The Product Cycle，" *Quaterly Journal of Economics* 5（1966）.

［74］J. H. Dunning，*International Production and the Multinational Enterprise*（Boston：Allen & Unwin，1981）.

［75］Louis J. Wells，*The Internationalization of Firms From the Developing Countries*（Cambridge：MIT Press，1983）.

［76］J. H. Dunning，"Explaining Changing Pattern of International Production：In Defence of Eclectic Theory，" *Oxford Bulletin of Economics and Statistics*，1979.

［77］Sanjaya Lall，*New Transnational Corporations*（London：John Wiley & Sons，1983）.

［78］Sascha O. Becker，Karolina Ekholm，Robert Jäckle & Marc-Andreas Muendler，"Location Choice and Employment Decisions：A Comparison of German and Swedish Multinationals，" *Review of World Economics* 41（2005）.

［79］한국생산성학회，"A Study on the Global Expansion Strategy of Taiwan's SMEs – centering around the outward Direct Investment by Taiwan's SMEs" *The Journal of Productivity* 7 권，단일호 1（2001）.

［80］Michael A. Witt & Arie Y. Lewin，"Outward Foreign Direct Investment as Escape Response to Home Country Institutional Constraints，" *Journal of International Business Studies* 38（2007）.

［81］Fragkiskos Filippaios & Marina Papanastassion，"US Outward Foreign Direct Investmentin the European Union and the Implementation of the Single Market：Empircal Evidence from a Cohesive Framework，" *Journal of Common Market Studies* 46（2008）.

［82］K. C. Fung，Alicia Garcia-herrero & Alan Siu，"A Comparative Empirical Examination of outward Foreign Direct Investment from Four Asian Economies: People's Republic of China; Japan; Republic of Korea; and Taipei, China," *Working Paper* (2009).

[83] United Nations Conference on Trade and Development, "Outward Foreign Direct Investment and Governments in Central and Eastern Europe: The Cases of the Russian Federation, Hungary and Slovenia," *Journal of World Investmen* 3 (2002).

[84] Jaya Prakash Pradhan, "Overcoming Innovation Limits through Outward FDI: The Overseas Acquisition Strategy of Indian Pharmaceutical Firms," *Working Paper* (2009).

[85] Somchanok Passakonjaras, "Thailand's Outward Foreign Direct Investment: The Case of the Garment Industry," *ASEAN Economic Bulletin* 29 (2012).

[86] Carmen Stoian, "Extending Dunning's Investment Development Path: The Role of Home Country Institutional Determinants in Explaining Outward Foreign Direct Investment," *International Business Review* 10 (2012).

[87] Fragkiskos Filippaios, Marina Papanastassiou & Robert Pearce, "The Evolution of US Outward Foreign Direct Investment in the Pacific Rim: A Cross-time and Country Analysis," *Applied Economics* 35 (2003).

[88] Stephen Ross Yeaple, "The Role of Skill Endowments in the Structure of U. S. Outward Foreign Direct Investment," *The Review of Economics and Statistics* 85 (2003).

[89] Nigel Driffield, James H. Love & Karl Taylor, "Productivity and Labour Demand Effects of Inward and Outward Foreign Direct Investment on UK Industry," *The Manchester School* 77 (2009).

[90] Manop Udokerdmonqkol & Oliver Morvissey, "Exchange Rates and Outward Foreign Direct Investment: US FDI in Emerging Econo-

mies," *Review of Development Economics* 13 (2009).

[91] Hea-Jung Hyun & Yong Joon Jang, "Comparative Advantage, Outward Foreign Direct Investment and Average Industry Productivity: Theory and Evidence," *Working Paper* (2012).

[92] Rosfadzimi Mat Saad & Abd Halim Mohd Noor, "Home Countries' Determinants of Outward Foreign Direct Investment in Developing Economies: Malaysian Case," *Prosiding Rerkem* 2 (2011).

[93] Anil Mishra & Kevin Daly, "Effect of Quality of Institutions on Out-Wardforeign Direct Investment," *The Journal of International Trade & Economic* 16 (2007).

[94] Rajib Sanyal & Subarna Samanta, "Effect of Perception of Corruption on Outward US Foreign Direct Investment," *Global Business and Economics Review* 10 (2008).

[95] Dirk Holtbrügge & Heidi Kreppel, "Determinants of Outward Foreign Direct Investment from BRIC Countries: an Explorative Study," *International Journal of Emerging Markets* 7 (2012).

[96] Jenny E. Ligthart & Dorothe Singer, "Do Immigrants Promote Outward Foreig Direct Investment? Evidence from the Netherlands," *Working Paper* (2009).

[97] Philip Hanson, "Russia's Inward and Outward Foreign Direct Investment: Insights into the Economy," *Eurasian Geography and Economics* 3 (2010).

[98] Ismail Armutlulu, Brahim Anil, Cem Canel & Rebecca Porterfield, "The Determinants of Turkish Outward Foreign Direct Investment," *Business& Economics* 2 (2011).

[99] Jaya Prakash Pradhan, "Rise of Service Sector Outward Foreign Direct Investment from Indian Economy: Trends, Patterns, and Determi-

nants," *GITAM Journal of Management* 4 （2003）.

[100] Jaya Prakash & Prad, "The Determinants of Outward Foreign Direct Investment: a Firm-level Analysis of Indian Manufacturing," *Oxford Development Studies* 32 （2004）.

[101] Peter Egger, "European Exports and Outward Foreign Direct Investment: A dynamic Panel Data Approach," *Review of World Economics* 37 （2001）.

[102] M. T. Alguacil & V. Orts, "A Multivariate Cointegrated Model Testing for Temporal Causality between Exports and Outward Foreign Investment: the Spanish Case," *Applied Economics* 34 （2002）.

[103] Jung Soo Seo & Chung-Sok Suh, "An Analysis of Home Country Trade Effects of Outward Foreign Direct Investment: The Korean Experience with ASEAN, 1987 – 2002," *Asean Economic Bulletin* 23 （2006）.

[104] Peter C. Y. Chow, "The Effect of Outward Foreign Direct Investment on Home Country's Export: A Case Study on Taiwan," *International Trade and Economic Development* 21 （2012）.

[105] Pontus Braunerhjelm, Lars Oxelheim & Per Thulin, "The Relationship between Domestic and Outward Foreign Direct Investment: The Role of Industry-specific Effects," *International Business Review* 14 （2005）.

[106] R. V. Goedegebuure, "The Effects of Outward Foreign Direct Investment on Domestic Investment," *Investment Management and Financial Innovations* 3 （2006）.

[107] Dierk Herzer, "The Causal Relationship between Domestic and Outward Foreign Investment: Evidence for Italy," *Applied Financial Economics Letters* 4 （2008）.

[108] Steven Globerman, "Investing abroad and Investing at Home: Complements or Substitutes," *Multinational Business Review* 20 (2012).

[109] Someshwar Rao, Malick Souare & Weimin Wang, "Canadian Inward and Outward Direct Investment: Assessing the Impacts," *Working Paper* (2010).

[110] Chew-Ging Lee, "Outward Foreign Direct Investment and Economic Growth: Evidence from Japan and Singapore," *Working Papers* (2009).

[111] Chew Ging Lee, "Outward Foreign Direct Investment and Economic Growth: Evidence from Japan," *Global Economic Review* 39 (2010).

[112] Kun-Ming Chen, "Outward Foreign Direct Investment, Wage Rigidity and Unemployment: A Computable General Equilibrium Analysis," *The Journal of International Trade & Economic* 20 (2011).

[113] Hitoshi Hayami, Masao Nakamura & Alice Nakamura, "Wages, Overseas Investments and Ownership: Implication for Internal Labor Markets in Japan," *The International Journal of Human Resource Management* 23 (2012).

[114] Dierk Herzer, "The Long-run Relationship between Outward Foreign Direct Investment and Total Factor Productivity: Evidence for Developing Countries," *The Journal of Development Studies* 47 (2011).

[115] Emmanuel Dhyne & Selen Sarisoy Guerin, "Outward Foreign Direct Investment and Domestic Performance: in Search of a Causal Link," *Working Paper* (2012).

[116] Peter Marcel Debaere, Hongskil Lee & Joonhyung Lee, "Does Where You Go Matter? The Impact of Outward Foreign Direct Investment on Multinationals' Employment at Home," *Working Paper* (2005).

[117] Jaan Masso, Urmas Varblane & Priit Vahter, "The Effect of Outward

Foreign Direct Investment on Home-country Employment in a Low-cost Transition Economy," *Eastern European Economics* 46 (2008).

[118] Ludo Cuyvers & Reth Soeng, "The Effects of Belgian Outward Direct Investment in European High-wage and Low-wage Countries on Employment in Belgium," *International Journal of Manpower* 32 (2011).

图书在版编目（CIP）数据

中国对外直接投资地区差异及溢出效应研究／郑展鹏著. -- 北京：社会科学文献出版社，2017.10

（河南大学经济学学术文库）

ISBN 978 - 7 - 5201 - 0797 - 6

Ⅰ. ①中… Ⅱ. ①郑… Ⅲ. ①对外投资 - 直接投资 - 区域差异 - 研究 - 中国 Ⅳ. ①F832.6

中国版本图书馆 CIP 数据核字（2017）第 102969 号

·河南大学经济学学术文库·

中国对外直接投资地区差异及溢出效应研究

著　　者／郑展鹏

出 版 人／谢寿光
项目统筹／恽　薇　陈凤玲
责任编辑／陈凤玲　吕　颖

出　　版／社会科学文献出版社·经济与管理分社（010）59367226
　　　　　地址：北京市北三环中路甲 29 号院华龙大厦　邮编：100029
　　　　　网址：www.ssap.com.cn
发　　行／市场营销中心（010）59367081　59367018
印　　装／北京季蜂印刷有限公司

规　　格／开　本：787mm×1092mm　1/16
　　　　　印　张：11.25　字　数：152 千字
版　　次／2017 年 10 月第 1 版　2017 年 10 月第 1 次印刷
书　　号／ISBN 978 - 7 - 5201 - 0797 - 6
定　　价／79.00 元

本书如有印装质量问题，请与读者服务中心（010 - 59367028）联系